Başkalarının Yapamadıklarını Okuyun:
Sosyal ve İletişim Becerilerinizde Ustalaşın

Başkalarının Yapamadıklarını Okuyun

Sosyal ve İletişim Becerilerinizde Ustalaşın

ben J Nayak

Hindistan
2023

İÇİNDEKİLER

BÖLÜM 1: ÖZET

İnsanlar, büyük fikirlerin ve yeniliklerin şekillendiği, şimdiye kadar tasarlanmış en karmaşık organlardan biri olan beynimizin içinde neler olup bittiğini anlayabilseydi harika olurdu. Bilim adamlarının ve teknolojinin bile onun gizemlerini, günümüz makinelerinde eşdeğeri değiştirilemeyen ayrılmaz bir bileşeni çözebilmesi harika olmaz mıydı?

Peki beynimizin içinde neler oluyor?

İnsanların gerçekte ne düşündüğünü bilmenin iletişimi geliştirmeye ve bizi potansiyel tehlikelerden korumaya yardımcı olacağı iddia edilebilir. İnsanları okumak imkansız gibi görünebilir, ancak iş arkadaşlarınızla, yabancılarla ve benzer şekilde sevdiklerinizle günlük durumlarda ikinci tahminlerde bulunmayı veya yanlış kararlar vermeyi ortadan kaldırmada çok önemli olabilir.

İnsanları doğru yorumlamak için ne gerekiyor? İdeal durumda, süslü dereceler onun iç işleyişine ilişkin yeterli bilgiyi sağlayacaktır; Aksi takdirde bu, ebeveynlerden miras alınan sezgisel güçlere veya kişinin kilidini açması gereken gizli sırlara bağlı olabilir - tüm faktörlerin rol oynadığına inanıyorum.

Beyin fonksiyonu hakkında şimdiye kadar yazılmış tüm kitaplara rağmen insanları doğru bir şekilde okumak hala imkansız. İyi genler veya Google araması yoluyla ortaya çıkan çok önemli sırlar da işe yaramayacaktır; Birinin iç işleyişini gerçekten anlamak bilim gerektirir; insanların neden yaptıklarını düşündüklerini ve yaptıklarına nasıl tepki verdiklerini anlamak, başka bir kişiyi anlamanın anahtarıdır.

Dikkatle saklanan sırları deşifre etmek, doğru sonuçlara varmak için bilgi, gözlem ve olayların anlaşılmasının yanı sıra güçlü sezgisel güçler gerektirir. Ancak en önemlisi uygun yönü bulmak ve yolculuğa başlamaktır!

Ve bu kitap bu amacı özetlemektedir. Okuyuculara zihinleri okumak için gereken tüm bilgileri kolay ve ilginç bir şekilde sunmak için bilimi yönetilebilir parçalara ayırır. İnsanlara etkili iletişim tekniklerini öğrettiğim bunca yıl boyunca, kişinin amacına doğrudan fayda sağlamayan bilgilerin hızla işe yaramaz hale gelebileceğini fark ettim - sağ elimle kuş çizdiğimde beynimin sol tarafına ne olduğunu biliyorum büyüleyici olabilir, ancak gelecekte onunla çizim yapmayı planlamıyorsanız anlamsız hale gelir.

Bu nedenle, diğer insanların zihinlerini okuma amacınız için özel olarak hazırlanmış bilimsel bilgileri dikkatle seçtim. Karmaşık terminolojiden kaçındım ve esas olana sadık kaldım: net açıklamalar içeren basit bulgular.

Ancak bu, zihin okumanın yalnızca bir yönüdür; çok daha fazlası var. Daha uyumlu bir dinleyici olabilmek için kişinin kullanabileceği sırlar, öz değerlendirmeler, ince işaretler ve iletişim püf noktaları vardır. Öğrencilere herhangi bir zanaatta ustalaşmayı öğretirken doğan güneş benzetmesini kullanıyorum.

Öğrencilerime her sabah güneşin saat kaçta doğduğunu soruyorum. Erken kalkanlar, geç uyuyanlara göre güneşin ne zaman doğduğuna dair bir fikir sahibidir; Hiç kimse tam olarak ne zaman olduğunu bilecek kadar motive olmadığı veya yeterince dikkatli olmadığı için kimse kesin bir dakika veremez. O zaman onlara bir alıştırma veriyorum; sizi de şimdi kendi başınıza yapmaya teşvik ettiğim bir şey.

Her sabah güneş doğmadan önce balkonunuzda oturup kahvenizi yudumlarken gazete okuduğunuzu hayal edin. Güneşin tam olarak ne zaman doğduğunu bilmek sizin için kolay olur mu? Cevabınız daha doğru olabilir çünkü olay gerçekleştiğinde orada olmanız "zaman penceresinin" iyi anlaşılmasını sağlar.

Doğuya bakan bir balkonda oturduğunuzu, güneşin tam doğduğu yere baktığınızı, güneşin sıcaklığının ufukta gökyüzünü altın rengine boyamasını izlediğinizi ve hemen saatinize baktığınızı hayal edin; Doğruluğunuz o gün rakipsiz olacaktır çünkü bunun nereden kaynaklandığına dair bilginiz vardı ve elinizdeki göreve odaklanmıştınız; sezgileriniz de devreye girerek doğrudan gözlem gerektirmeden bile doğru tahminler yapmanızı sağlar; sürekli değişen zaman dilimlerine rağmen güneşin ne zaman doğacağını tam olarak bilirsiniz!

Şimdi, eğer bir sınıftaki öğrencilere güneşin saat kaçta doğduğunu sorsaydım, kendilerini onu keşfetmeye gerçekten adamış olanlar en doğru yanıtı vereceklerdi. Zihin okuma tam olarak bu şekilde çalışır; bilgi, gözlem ve her bireyin farklı düşündüğüne dair bir takdir gerektirir, dolayısıyla "herkese uyan tek bir çözüm" yoktur.

Birini gözlemlerken ortaya çıkan tüm faktörleri anlamak, bilgi ve bağlılık gerektirir. Sizi doğru yöne yönlendirmek için sağlam bir stratejiye ihtiyacınız var - işte bu kitap tam da burada devreye giriyor - size usta bir okuyucu olmanız için ihtiyacınız olan her şeyi sağlıyorum.

Bu kitap, insanları okumakla ilgili çevrimiçi olarak mevcut olan mitleri ve güvenilmez bilgileri çürütmektedir. Örneğin kolları kavuşturmak savunmaya işaret edebilir; ancak soğuk bir odada veya kolsuz bir sandalyede oturmak bu davranışın kişilik özelliklerinden ziyade çevresel etkilerden kaynaklanabileceğini gösteriyor.

Rastgele, kanıtlanmamış "gerçeklere" inanmak veya okumak hem gereksiz hem de zararlıdır; İnsanları yanlış okumak, onları hiç tanımamaktan daha kötüdür! Zihin okuma casusluk ya da müdahaleyi içermez; bunun yerine birisinin bizimle konuşurken ya da iletişim kurarken gerçekte ne demek istediğini anlamayı içerir; Düşüncelerini anlamak, yanıt verirken duygularının farkına varmamızı sağlar.

Gerçek şu ki, iletişimin yalnızca %7'si sözlü olarak gerçekleşir; geri kalanı sözsüz olarak gerçekleşir. Zihin okuma, bir başkasının söylediklerinin ardındaki gerçek niyetlerini, söylenmemiş olanlarla karşılaştırarak anlamayı içerir; bu son derece bilgilendirici ve iyi araştırılmış kitap, zihin okumaya teorik bir yaklaşımdan daha fazlasını sağlar.

Bu kitap, hedeflenen bilgi ve anlayışı, kendi deneyimlerimden ve öğrendiklerimden anekdotları ve konu söylenmemiş dünyayı anlamaya gelince çevrilmemiş taş bırakmayan eksiksiz ve kapsamlı bir yaklaşım sunuyor. Ayrıca farklı kişilik türlerini, motivasyonlarını ve hedeflerini de inceleyeceğiz, böylece belirli bireylerin tam olarak nasıl düşündüklerini, neden bu şekilde iletişim kurduklarını ve onların mesajları aracılığıyla kişisel hedeflerinize nasıl ulaşabileceğinizi anlayabilirsiniz; o halde şimdi başlayalım.

Zihin Okuma Nedir? İlk bakışta zihin okuma, insanların özel düşüncelerine girip onlara zarar vermeye yönelik bir tür büyücülük veya etik olmayan bir uygulama gibi görünebilir; Birinin zihninizi okuyabildiğini bilmek, onunla ilişki durumunuz ne olursa olsun büyük olasılıkla alarma neden olacaktır; Böyle bir güce sahip olduklarını bilmek bizi dehşete düşürebilir; beynimizin içinde olup biten her şeyi bilmekten daha büyük bir süper güç asla olamaz! Ancak gerçekte bu istiladan çok anlayışla ilgilidir.

Zihin okuma, birisiyle konuşurken güven yaratmak, mesajının yanlış yorumlanmayacağını veya yanlış anlaşılmayacağını bilmekle ilgilidir. Zihin okuma, söylenmemiş kelimeleri anlamamızı ve ilgili taraflar arasındaki iletişimi güçlendirmemizi sağlar; bu, hem profesyonel hem de kişisel olarak daha güçlü bağlantılar kurmanıza olanak sağlayacak paha biçilmez bir beceridir.

En sevdiğimiz insanlar genellikle bizi yakından dinleyen ve anlayanlardır; çocuk doktoru ya da dişçi gibi "iyiyim" demenin kulağa pek doğru gelmediğini bilen insanlar; otobüslerdeki vücut ağırlığımızı değiştirdiğimizi anlayan, gerektiğinde koltuktan vazgeçen yabancılar.

Bu kişiler ihtiyaçlarımızı, duygularımızı şefkatle, anlayışla dinler, gözlemler, anlar; müdahaleci değiller, bunun yerine paha biçilmez destek sağlıyorlar. Güçleri arasında tam olarak ne yapılması gerektiğini bilmek ve bu neredeyse insanüstü yetenek aracılığıyla uzun vadeli ilişkiler kurmak için gereken becerilere sahip olmak yer alıyor - tam olarak gizliden gizliye daha çok benzememizi dilediğimiz türden insanlar - bu yetenekle doğmamış ama yaratılmışız. Çevrelerindeki diğer kişilerin daha fazla farkında olma konusunda bilinçli bir karar.

Zihin okuyucuları etkili iletişimin ne kadar önemli olduğunu biliyorlardı; etkili diyaloğun derinlemesine dinlemeyi ve kelimelerin ötesinde söylenenlerin derinlemesine anlaşılmasını gerektirdiğini anladılar. Gizli gerçekleri ortaya çıkarmak amacıyla konuşmaları değerlendirmek için önyargıların, yargıların ve sınırlamaların ötesine bakarken, sessizliğe, ses tonuna, motivasyona, konuşmacıların niyetlerinin yanı sıra çevrelerinin ve insanların farkında olmaya da aynı derecede dikkat ettiler; bunun karşılığında güven kazandılar, saygıyı bir anlam olarak anladılar. hem profesyonel hem de kişisel olarak daha iyi muhakeme ve kararlar vermenin yanı sıra.

Zihin okumak, birisinin sizin için yabancı bir dili tercüme etmesini sağlamak gibidir. Bunu kelimenin tam anlamıyla yapabilirler ya da söylenen bazı kulağa yabancı gelen kelimelerin ardındaki motivasyonlarını açıklayabilirler.

İnsanların okuması, birinin mahremiyetini ihlal etmek için kullanılan başka bir zanaat veya hile değildir; daha ziyade bireyin duygu ve düşüncelerine saygı gösteren bir sanattır.

İnsanları nasıl okuyacağınızı öğrenmek, konuşmaların sorunsuz bir şekilde ilerlemesini ve tam bir döngü halinde gerçekleşmesini sağlamanın en iyi yollarından biridir. Zihin okuma becerileri, konuşmalar sırasında her türlü tahminde bulunmayı ortadan kaldıracak ve bunun yerine anlayış, şefkat ve ilişki kurma öğelerini koyacaktır. Zihin okuma yetenekleri, ağ oluşturma etkinliklerinde, işyeri toplantılarında veya son derece çekici bulduğunuz biriyle tanışırken etkileşimleri büyük ölçüde değiştirebilir; Zihin okuma yetenekleri, iki kişi arasındaki etkileşimin sonuçları üzerinde inanılmaz bir etkiye sahip olabilir.

Zihin okuma, insan beyninin nasıl çalıştığı, zihinsel olarak mevcut olma, yargılamalardan kaçınma ve gözlem yapma hakkında derinlemesine bilgi gerektiren bir sanattır; ancak en önemlisi, kim olursa olsun bir başkasının düşüncelerini anlamak için tüm bu gereksinimlerin ideal birleşimini yaratmayı içerir. onların kişiliği veya onlarla olan ilişki durumunuz.

Zihin okuma derinlemesine bir konudur, bu nedenle zihin okuma için mükemmel ortamı yaratmak amacıyla bu içgörülerin nasıl uygulanacağına dair stratejiler sunmadan önce her yönü ayrı ayrı ele alacağız!

Birinci Bölüm, insanları ve iletişimi anlama yolculuğuna çıkmanız için ihtiyacınız olan her şeyi kapsıyor. İnsanları okumaya çalışırken nelerin beklenebileceğini ve bir başkasının iletişimini yorumlamaya çalışırken karşılaşabileceğimiz hataları veya engelleri ana hatlarıyla belirtir; dahası, sürekli gelişen iletişim alanında bugün karşılaştığımız bazı zorlukları da ele alıyor.

İkinci Bölüm zihnimizle ilgili her şeyi araştırıyor. Beynimizin nasıl çalıştığını özetliyor ve bireysel farklılıkları genetik olarak tanımlıyor. Ayrıca bu bölüm, insanların neden belirli şekillerde davrandığına dair bir fikir edinmenize ve çeşitli kişilik türlerini keşfetmenize yardımcı olacaktır; böylece insanları daha objektif bir şekilde görebilir ve onlar hakkında daha iyi yargılarda bulunabilirsiniz.

Üçüncü Bölüm size ve masaya ne getirdiğinize odaklanıyor. Birini anlamanın iki önemli yönü vardır: onun düşünme biçimini bilmek ve SİZİN düşünce tarzınızı anlamak. Ne yazık ki, zihinsel engeller çoğu zaman birisini doğru şekilde anlamamızı engeller. Kişisel önyargılara dayalı olarak hızlı bir şekilde yargılama ve varsayımlarda bulunma eğilimimiz, başkalarını doğru anlamamızı engeller.

Dördüncü Bölüm şu ana kadar öğrenilen her şeyin alınmasını ve bu ilkelerin pratiğe uygulanmasını içermektedir. Burada kelimelerin ardındaki gerçek anlamı nasıl çıkarabileceğiniz, hileleri nasıl tespit edebileceğiniz ve başka birinin zihni üzerinde tam hakimiyet kurabileceğiniz konusunda küçük sırlar ve stratejiler keşfedeceksiniz.

Soruşturma memuru seviyesinde bir insan okuyucusu olmaya yönelik eksiksiz bir kitaba ve kapsamlı bir kaynağa başladığınızı söylemeye gerek yok.

Yeni bir yolculuğa başlamak, alınan eyleme ilişkin motivasyonları ve belirli davranışların neden ortaya çıktığını anlamayı gerektirir. Zihin okumanın neden gerekli olduğunu bilmeniz ve bu süreçte karşılaşılabilecek zorlukları öngörmeniz gerekir; neden ifade edilenler doğrudan tercüme edilmiyor?

Çok uzun zaman önce iletişim, gözleri birbirine kilitlenmiş bir başka kişiyle yüz yüze oturmayı ve ikinizin de konuşması ve sesini duyurması için yeterli zamana sahip olmayı içeriyordu. Ancak zamanla iletişim yöntemleri önemli ölçüde değişti; yeni formlar küresel etkileşimlere izin verirken, aynı zamanda aranızda gerçekleşen konuşmayla aynı anda gerçekleşen çoklu görev nedeniyle kaliteli etkileşimleri de azaltıyor. Bu da sohbetlerin değerini kaybettiği anlamına geliyor.

Zaman eksikliği

Zamanımız sürekli tehlikede. Her ne kadar günümüzün teknolojileri bize biraz rahatlama sağlasa da (önceden pişirilmiş yemekler, yemek başına geçen süreyi sadece birkaç saniyeye indirebilir ve sanal toplantılar, zaman kazanmak için çoğu zaman toplantıları ulaşım sırasında planlarlar), kahveler hareket halindeyken yapılabilir hale geldi ve iletişimler çoğu zaman zihinsel kontrol listelerimiz etrafında zamanlandı. zihnimizde yaratırız.

Etkileşimi Sınırlayan Uzak İletişimin Günleri Geride Kaldı

Şahsen iletişim kurduğumuz ya da gönderilmesi aylar sürebilecek uzun mektuplar yazdığımız günler çoktan geride kaldı; son taslağında her kelimenin bir önemi olduğu zaman. Günümüzde iletişim birçok farklı biçime bürünüyor ve bu da çoğu zaman etkileşimi sınırlıyor.

Günümüzde başka bir kişiyle iletişim kurmanın çok sayıda yolu vardır: e-postalar, kısa mesajlar, sosyal medya etkileşimleri, sesli notlar, görüntülü aramalar ve telefon görüşmeleri, iletişim için kullanabileceğimiz yöntemlerden sadece birkaçıdır. Tartışılan konular çevrimiçi ortama taşındığından, biriyle yüz yüze tanışmanın yerini çoğunlukla Zoom toplantıları veya görüntülü görüşmeler aldı; en büyük dezavantajı, bu dijital konuşma biçimlerinin genel diyalog deneyimini sınırlamasıdır.

Kısa mesajlar birinin ses tonunu ve yüz ifadelerini doğru bir şekilde ölçmemize izin vermez; bu nedenle tek kelimelik yanıtlarla yanıt vermek, can sıkıntısından, anlaşmazlıktan veya aynı anda birden fazla tarafla iletişim kurmaktan dikkatin dağılmasından kaynaklanabilir.

Telefonla yapılan bir görüşme, işe alım görevlisinin yanıtlarınızı nasıl aldığını ve işlediğini anlama yeteneğinizi sınırlar. Kendiniz ve onlar arasında herhangi bir etkileşim olmadığından, başkalarını doğru bir şekilde anlamak giderek zorlaşabilir.

Sosyal Medya Konuşmacıları

Anonimlik inanılmaz bir güç olabilir; hesap vermeden sesinizi duyurma yeteneği verirken görünmez bir şekilde baskın olmanızı sağlar; Pasaport kontrollerinden kısıtlama olmaksızın başkalarının anlatılmamış zenginliklere erişmesini sağlamak, nereye ve ne zaman uçacağınız konusunda sınırlama olmaksızın kanatlara sahip olmak gibidir.

Yalnızca yazma hızıyla sınırlı olduğundan, anonim olarak yazmak, normalde yüz yüze asla söyleyemeyeceğiniz şeyleri söylemenize neden olur.

Rastgele düşünceler fikir haline gelir ve bunlar daha sonra tartışmalara dönüşür. Saç stilinizi eleştiren kişinin bundan gerçekten hoşlanmadığını mı, yoksa kendisinin kötü bir saç günü mü geçirdiğini asla bilemezsiniz; İfade özgürlükleri, insanların nasıl düşündüğünü ve belirli bilgileri nasıl algıladığını kavramayı imkansız hale getiriyor.

Kültürler Arası Küresel İletişim

İşler ve ilişkiler sınırları aştığı için artık yalnızca yerel topluluklarımız içinde iletişim kurmuyoruz. Etkileşim tarzlarımız dünya çapında yayıldıkça kültürler birbirine karışmış durumda; bir uçta saygılı davranış olarak değerlendirilen davranış, artık başka bir köşede saldırgan olarak görülebiliyor. Bir arada nasıl var olacağımızı ve sınırlar ötesinde nasıl daha verimli iletişim kuracağımızı öğrenirken, birbirimizle bu farklılıkları uyumlaştırıp kabul ettiğimiz için gemiye binmek zaman alacak.

Sadece dil engelini aşmak zorunda değiliz, aynı zamanda çoğu zaman başka bir kişinin göz temasına kayıtsızlığının can sıkıntısından değil, saygıdan kaynaklanabileceğini kabul etmek gerekebilir. Zamanla kültürler arasında karşılıklı olarak kabul edilebilir bir iletişim yöntemi geliştirmeliyiz.

Bu küresel iletişimler her zamankinden daha etkili hale geldikçe, etkileri de en çok ülke içinde hissediliyor; çoğu zaman insanların başkalarını anlayamamasından ziyade kafa karışıklığı ve şokla sonuçlanır.

Uzun zaman önce sohbetler avcılık, aile, çocuklar ve hayatta kalma etrafında dönüyordu. Konuşmalar bu konular üzerinde yoğunlaşsa da artık bankacılıktan yatırımlara, spordan teknolojiye ve hatta dijitalleşmeye kadar tartışabileceğimiz çok daha fazla konu var. Uzun uzadıya tartışılabilecek pek çok konu ve alt konu var.

İlgi alanları hiç bu kadar çeşitli olmamıştı; aralarındaki konuşmaları sürdürmek son derece zor bir zorluk olabilir. İlgi alanları sizinkinden önemli ölçüde farklı olan biriyle konuşurken zihniniz kolayca dağılabilir; bu, kafa karışıklığına ve eylemlerin yanlış yorumlanmasına yol açarak birinin aklını okumayı eskisinden daha da zorlaştırır.

Dünyamız hızla değişirken, bu hızlı gelişmeye ayak uydurmak ve insanlarla anlamlı ve verimli sohbetler yürütmek zorlayıcı olabiliyor. Bunu başarılı bir şekilde yapabilmek ve doğru okuyabilmek için, aynı hızda gelişirken bu faktörlere de dikkat etmek gerekir.

BÖLÜM 4: BÜYÜK RESMI KAÇIRIYOR MUSUNUZ?

Harika Bir İşe Çıkmak İçin Ne Gerekir? mes Eğer konu yalnızca eğitim ve üniversite notlarıyla ilgili olsaydı, kişisel görüşmelere bile gerek kalmazdı. Potansiyel iş adaylarının LinkedIn profillerine göz attıktan ve mevcut iş pozisyonlarından etkilendikten sonra hiç teklif aldınız mı? Bu pek olası değil; Dereceler her zaman birisinin ideal bir aday olup olmadığını göstermez.

İşletmeler sizin zihniyetinize, alışkanlıklarınıza ve düşüncelerinizin ve değerlerinizin şirketinkilerle ne kadar uyumlu olduğuna derinden önem verir; bu, hayata da yansıyan bir husustur. Örneğin, bir hayat arkadaşı seçerken mesele sadece komedyen aramak değil; bunun yerine, ellere dokunmak gibi sözsüz yollarla dünyanın nasıl işlediğine dair benzer anlayışı paylaştığınız birini bulmalısınız.

Hayatın ve insanların çoğu zaman karmaşık olabileceği doğrudur; konu iletişim veya sosyal ilişkiler olduğunda hiç kimse kolay bir cevap veremez. Yalan, istismar veya zorbalık davranışları konusunda bizi uyaran hiçbir uyarı işareti yüzeylerinde her zaman görülemez. İnsan doğası üzerine yapılan çalışmalar birçok dikkate değer açıklamaya yol açmıştır. Sözlü ve fiziksel davranışlarda, bu gerçekleri dikkate değer bir doğrulukla ortaya çıkaran ve varlığımızın bu yönünü anlamaya kendini adamış profesyoneller tarafından sıklıkla yakından incelenen kalıplar vardır. Bu tür rollerdeki kişiler arasında gizli ajanlar, psikologlar, araştırmacılar, danışmanlar ve jüri üyeleri yer alır. İnsan kalıpları üzerine yaptıkları araştırmalar, birisinin dürüst olup olmadığını, sırları gizleyip saklamadığını veya suç teşkil eden davranışlarda bulunup bulunmadığını hızlı bir şekilde belirlemelerine olanak tanır; böylece hem kendilerini hem de başkalarını potansiyel tehlikeden korumak için daha sağlıklı kararlar vermelerine yardımcı olur.

Söylemeye gerek yok, kişilerarası iletişim becerileri günümüz toplumunda büyük ölçüde ihmal ediliyor. Bu nedenle öğrencilerin seçtikleri programa bakılmaksızın okullarda ve kolejlerde öğretilmeleri gerekir; okuyan insanlar sadece psikolojik çalışmalarla da sınırlı kalmamalı; pazarlamacılar, doktorlar, hemşireler, avukatlar, işe alım görevlileri, sporcular, yani insanlarla ilgilenen her profesyonelin de bu beceriyi öğrenmesi gerekir.

İletişim ve İnsan Okumada Ustalık
İnsanların okuması, tıpkı konuşmayla ilişkisi gibi çoğu zaman takdir edilmeyen, yeterince değer verilmeyen bir beceridir. Herkes aynı şekilde düşünmez ve aynı şekilde konuşmaz - bunların hepsi yetiştirilme tarzımıza, çevreye, duygulara ve söylediklerimizi etkileyen kişilik tiplerine bağlıdır - yani bir kişi bir şey söylerken diğeri bunu tamamen farklı yorumlayabilir; sonuçta bu, birbirlerinin söylemeye çalıştıkları şeyden ne kastettiğini doğru bir şekilde çıkarabilmek için insanları yeterince doğru okuyabilmekle ilgilidir.

İlişkiler Henry Winkler'e göre, varsayımlar ilişkilerin termitleridir; bundan daha doğru olamayacak bir gözlem! Kimi kapsadığı önemli değil; eş, ebeveynler, arkadaşlar veya kardeşler: varsayımlar ve yanlış anlamalar genellikle bu ilişkilerde çatışma yaratmada ana katalizör görevi görür; genellikle onların ilgisizliği veya bir kardeşin veya diğerinin bir başarıyı paylaşma girişimi olarak yanlış yorumlanır ve bu başarıyı göz ardı eder. Günlük hayatımız boyunca söylediğimiz bir şeyin tamamen bağlamdan çıkarılabileceği veya tamamen farklı şekilde yanlış yorumlanabileceği birçok kez vardır. başkaları tarafından - onların niyetlerini sorgulamamıza neden oluyor!

Keşke gerçekte ne demek istediğimizi anlasalardı, duygular ya da içten şikâyetler kayıtsızlık ve şikayet olarak yanlış anlaşılmazdı. Çoğu zaman, yakın ilişkilerimizin, doğrudan kendimizi ifade etmemize gerek kalmadan, ince ipuçlarını, ruh hallerini, örtülü mesajları veya imaları fark etmesini bekleriz; İletişim kurmanın bir sanat biçimi olmasının nedeni bu değil mi: Kendi sesini yükseltmeden başkalarının ne demek istediğini anlamak?

Bazen ilişkilerdeki işaretleri doğru bir şekilde okumak zor olabilir. Bu işaretleri doğru bir şekilde yorumlamak istiyorsak anlayış, konsantrasyon ve bilinçli bir zihin gereklidir; Bir kez edinildiğinde sağlıklı ilişkilerin sürdürülmesinde muazzam bir fark yaratabilir. Yan tarafta yaşayan, kocasının ona her yalan söylediğinde seğirdiğine inanan bir çiftimiz vardı; bunun sonucunda sık sık kavgaya tutuştular!

Ne zaman ona zor bir soru sorsa, etkileyici bir bıyıkla kaplı üst dudağını dikkatle gözlemliyor ve yanıt olarak seğirmeye başlamasını izliyorduk. O zamanki izlenimim şuydu: Yalan söylediğini tam olarak nasıl anlayacağını biliyordu! Bu bilgi pek de iyiye işaret değildi çünkü bunun için sık sık tartışıyorlardı - ta ki yıllar sonra terapiye başvurduklarında bilginin yalan söylediği için değil gerginlikten dolayı seğirdiğini öğrenene kadar! Bu tür varsayımlar ilişkilerine o kadar çok zarar verdi ki!

İnsanları doğru bir şekilde okumak, bu tür varsayımların üstesinden gelmenize yardımcı olabilir ve birisi kendisini sözlü olarak ne kadar iyi ifade etse de ilişkileri daha iyi anlamanıza olanak tanır.

Kariyer

Patronunuzun, işinin geç teslim edilmesinden dolayı hayal kırıklığına uğramak yerine, iş yeri dışında işinin zamanında tamamlanmasını geciktiren sorunlar yaşamadığını bilseydiniz, yaklaşımınız farklı olabilirdi: bunun yerine manevi destek ve alan sunmak. Gecikmelerin sürekli eleştirilmesi, muhtemelen kendisiyle daha güçlü duygusal bağlar kurulmasını sağlayacak ve fırsatlara, gelişmiş ilişkilere ve daha etkili ekip çalışmasına kapı açabilecektir.

Çoğu iş, ister doktor, ister öğretmen veya yönetici olsun, sonuç üretmek için ekipler halinde birlikte çalışmayı içerir. Uzmanlığınız ne olursa olsun - tıp ve öğretmenlikten yönetim rollerine kadar - diğer profesyonelleri anlamak ve onlarla iyi çalışmak, işi verimli bir şekilde ve en iyi yeteneğinizi kullanarak başarmak için çok önemlidir. Özellikle liderler, her biri farklı yeteneklere, eksikliklere ve zorluklarla veya eleştirilerle karşılaştıklarında tepkilere sahip olan çok çeşitli bireylerle işbirliği yapmalıdır; birinin neden öyle tepki verdiğini anlayarak, yanıtları uygun şekilde uyarlayabilir ve onların yeteneklerinden en iyi şekilde yararlanabilirsiniz.

Günümüzde şirketler, çalışanları için keyifli bir çalışma ortamı yaratmaya büyük yatırımlar yapıyor, çalışanların en büyük yatırımları olduğunun ve maksimum kapasitede performans gösterebilmeleri için memnun ve mutlu kalmaları gerektiğinin farkındalar. Çalışan memnuniyetine daha fazla önem verilerek teşvikler giderek daha fazla sunulmaktadır. Şirketler, duygusal ihtiyaçları buna göre karşılarken her çalışanın bireyselliğine saygı duymalı; Okumak, işletmelere bunu başarmak için etkili bir araç sağlayabilir. Kitap okuyan insanlar aynı zamanda refah ve üretkenliğe olanak sağlayan bir atmosfer yaratarak çalışanların çalışanları elde tutmasına da yardımcı olabilir.

Sosyal hayat

İnsanlar refahımız için çok önemlidir; duygusal refahı, temel ihtiyaçları ve genel zihinsel refahı destekler. Tüm insanlar duyulmayı ve anlaşılmayı arzular, bu nedenle başkalarına bunu yapmaları için güvenli alanlar sağlayan insanlar genellikle doğru enerjileri çekerler - sonsuz açıklamalara ihtiyaç duymadan, tam olarak ne söylemeye çalıştığınızı anlayan biriyle konuştuğunuzu hayal edin; Muhtemelen mümkün olan her etkinlikte o kişiyi ararsınız!

Zihinsel ve Duygusal Sağlık Kendi düşüncelerimizi anlamak yeterince zorlayıcı olabilir; Çoğu zaman tepkilerimiz ilgisiz kaynaklardan kaynaklanır; uyku eksikliği sizi huysuz veya sarhoş yapabilir, oysa küçük şeyler biz neden böyle olduklarını anlamadan tepkilerimizi kolayca tetikleyebilir. Duygusal zeka, kendi duygularımızı tanımamıza ve anlamamıza yardımcı olarak hem duygusal hem de zihinsel sağlığımızı korumamızda büyük bir rol oynar; Yüksek sesle okumak, diğer insanların niyetlerini daha kolay deşifre etmemizi sağladığı için başka bir içgörü düzeyi ekler; örneğin partnerinizin patlamasının, iki yaşında olup uyku seansını kaçırmış olmasından da kolaylıkla gelebileceğini anlamak gibi!

İnsanları anlamak, duyguların yoğun olduğu zamanlarda bile sakin ve pozitif kalmanıza yardımcı olabilir. Size yöneltilmiş gibi görünen ama aslında başkalarının neden olduğu alaylardan veya krizlerden kendinizi uzaklaştırdığınızda, anlayış, kargaşa ve zorluk zamanlarında bile pozitif kalmanıza olanak tanıyacaktır.

İnsanları okumak zaman alabilir ve pratik yapabilir, ancak bunda ustalaşmak hem diğer insanlarla hem de kendinizle daha güçlü ilişkiler kurmanız için zaman ayırmaya değer. İşyerinde daha verimli ekip çalışmasını mümkün kılarken, sosyal yaşamınızda onlara özgürce anlamaları ve iletişim kurmaları için güvenli bir alan sunarak daha güçlü arkadaş ağları oluşturabilir.

İnsanları anlamamızı engelleyen nedir? Her ne kadar kelime kelime zihin okuma şu an için olasılık dışı kalsa da, hiçbir yapay zeka, teknolojik veya tıbbi ilerleme içimizdeki karmaşık sinir devrelerinin şifresini çözmeyi başaramadı - yine de bir şeyler hala konuşulanları doğru bir şekilde anlamamızı engelliyor. dil?

İnsanları Doğru Okumanızı Ne Engelliyorsunuz?

İnsanları Doğru Anlamakta Zorluk mu Çekiyorsunuz? Peki insanların belirli eylem ve sözlerle ne demek istediğini doğru bir şekilde çözmekten sizi alıkoyan şey nedir? İnsanları okumak, diğerlerinin yüz ifadelerini, ses tonunu ve diyaloglarını anlamak kadar basit olmalıdır, ancak bu her zaman gerçekleşmez; aynı kişiler tarafından çeşitli durumlarda söylenen aynı kelimeler tamamen farklı anlamlara gelebilir!

Birisi size "Ne demek istediğini biliyorum" diyebilir, ancak ses tonu iltifat ettiğini ya da eleştirdiğini gösterebilir.

Bazen birinin ses tonunu anlamak kolay olabilir; diğer zamanlarda olmayabilir. Birinin ne demek istediğini birçok nedenden dolayı yanlış yorumlayabiliriz; İnsanları nasıl yorumladığımızı etkileyen birkaç faktör şunlardır:

Onu çok iyi tanımak ya da yeterince tanımamak: Biriyle ilişkiniz güçlendikçe onun da sizden beklentileri artar. Sevdiklerimiz, kendilerini açıklamaya veya etkili bir şekilde iletişim kurmaya ihtiyaç duymadan, ne demek istediklerini anlamamızı beklerler. Birini yakından tanıdığınızda "Gözler konuşmalı", ancak doğru zihniyette olmadıklarında sıklıkla yanlış iletişim kurarlar. Her bakışın arkasında her zaman göründüğünden daha fazlası vardır; Bazen bu hikaye sizin için bilinmez bile kalabilir! Birinin söylediği veya kastettiği şey, kişiliğine, çevresine, düşüncelerine ve diğer günlük etkilere bağlı olarak büyük ölçüde değişebilir; birinin neden mutsuz bir ruh hali içinde olabileceğini tam olarak bilmek zor olabilir; patronları onlara acı verdiği için olabilir.

Yeterince tanımadığımız bir kişinin sözlerini ve eylemlerini yanlış yorumlamak gibi, birini yeterince tanımamak da söz ve eylemlerin yanlış yorumlanmasına yol açabilir. İçedönük birinin size karşı hiçbir şeyi yoktur; sadece açılmaları çoğu kişiden daha uzun sürer. Bu nedenle herkesi eşit düzeyde okumaya çalışmak muhtemelen başarısızlıkla sonuçlanacaktır.

Bağlamı Gözden Geçirmek ve İşaretlere Odaklanmak: Göz temasından kaçınmak birinin yalan söylediğini gösterebilir; ama aynı zamanda ilgisizliğin veya düşük özgüvenin de işareti olabilir; İnsanları okumaya çalışırken yapılabilecek en büyük hatalardan biri, okuduğunu bağlamı dikkate almadan uygulamak ve birini okumaya çalışırken tüm yönleri dikkate almaktır. İnsanları okurken, yalnızca bir kitaptaki bilgi parçalarını tek bir kişiye karşı delil olarak kullanmak yerine, tüm faktörleri hesaba katmalısınız.

Poker Yüzüne Düşmek: İnsanları okurken yalnızca beden diline, kelimelere veya yüz ifadelerine dayanarak varsayımlarda bulunmayın. İnsanları okumak, onlar hakkında doğru tahminler oluşturmak için dikkatlice analiz etmeden önce bireyler hakkında veri toplamayı içerir. Örneğin, birinin avuçları terli diye gergin olduğunu varsaymayın; kıpırdamak, yüksek sesle konuşurken gergin görünmek, konuşurken kekelemek vb. gibi benzer sinirlilik belirtilerine de dikkat edin. çok fazla katman giyiyor ve içi çok sıcak hissediyor!

Duygularınızın Farkında Olmamak: Bir başkasının nasıl davrandığına o kadar odaklanmış olabilirsiniz ki, diğer kişinin nasıl davrandığına veya ona ilişkin kendi algınıza göre nasıl hissettiğinizi değerlendiremiyor musunuz? Belki de kendi ön yargılarınız, ön yargılarınız ya da onları anlamanız sizi büyük resmi görmekten alıkoyuyor; İnsanları doğru bir şekilde okuyabilmek, kişisel farkındalıkla ve insanları nasıl algıladığınıza dair bir anlayışla başlar.

Yanıltıcı Kişilik veya Durum Giderici Davranış Bir kişinin eylemlerini etkileyen iki temel bileşen vardır: çevresi ve kişilik özellikleri. Ne yazık ki, yabancılarla ve tanıdıklarla iletişim kurarken ikisini birbirinden ayırmak zor olabilir ve bu da insanların ne iletişim kurmaya çalıştığı konusunda yanlış değerlendirmelere yol açabilir. Çok hızlı sonuca varmak, birinin tepkisinin kişisel tercihlerden mi yoksa uğraşmak zorunda olduğu dış etkenlerden mi kaynaklandığını anlamak için kendinize yeterli zaman vermek anlamına gelir.

Onaylama Önyargısına Yer Vermek: Birisi hakkında önyargılı düşünceler oluşturduğumuzda ve onu zihnimizde etiketlediğimizde, onun daha sonra söylediği veya yaptığı her şey, onun hakkındaki bu değerlendirmelerimizi doğrulamaya ve onun hakkındaki kendi düşüncelerimizi doğrulamaya hizmet eder. Ancak bunu yaparak resmin tamamını görmekten kendimizi alıkoyabilir ve bunun yerine gerçeklik olarak algıladığımız şeye odaklanabiliriz.

Kişilik Önyargısına Teslim Olmak: Birini çekici bulduğumuzda, zihnimiz onun hakkında fazlasıyla olumlu bir imaj yaratır. Bu aynı zamanda alışkanlıkları, hobileri veya seçimleri bizimkine benzeyen insanlar için de geçerlidir; Düşüncelerimiz, beklediğimizden farklı birine kıyasla, ilgimizi çektiğini hissettiğimiz biri hakkında daha olumlu olma eğilimindedir; bu da o kişinin gerçekte kim olduğuna ilişkin doğru değerlendirmeleri engeller.

Geçmişinizden gelen etki: Yakın zamanda biri sizi aldattıysa, muhtemelen birinin şu anda söylediklerine güvenme konusunda daha isteksiz olabilirsiniz. Geçmiş deneyimlerimiz diğer insanları nasıl yargıladığımızı şekillendirebilir.

Esneklik: Bir şey hakkında güçlü fikirleriniz varsa ve birisi onlarla aynı fikirde değilse, birbirinizi tam ve nesnel olarak kabul edip anlamaktan alıkoyacak zihinsel engeller oluşabilir. Örneğin, paranızı akıllıca harcamayı tercih ediyorsanız ve akıllı yatırım stratejilerine önem veriyorsanız, bu, bu konulara dikkat etmeden harcama yapanları olumsuz değerlendirmenize yol açabilir.

Gerçek şu ki, hepimiz diğer insanlardan neyin kabul edilebilir davranış olarak kabul edildiğine dair önyargılı fikirlere sahibiz. Benzer ideolojilere ve düşünce süreçlerine sahip olanlara yönelmek veya onlara karışmak son derece güzel olsa da, ideolojilerimize uymayan insanlar hakkında güçlü yargılara sahip olmak, başkalarının nasıl düşündüğünü ve davrandığını anlamak ile onların bakış açılarını ve davranışlarını tam olarak kavramak arasında engeller yaratabilir. Başkalarını gerçekten anlamak ve farklılıklarını kabul etmek için.

BÖLÜM 6: FARKLI İLETİŞİM TARZLARINI ANLAYIN

Çevre, yetiştirilme tarzı ve kişiliğin tümü iletişim kurma şeklimizde rol oynar; Çevremiz, yetiştirilme tarzımız ve kişilik özelliklerimiz sözlerimizi, düşüncelerimizi ve eylemlerimizi etkiler. Kişilik uzmanları, insanların genellikle kullandığı belirli özellikleri ve iletişim yöntemlerini belirlemiştir: Personlichkeit İddialı; Agresif; Pasif agresif

* Manipülatif

İnsanları daha iyi tanıdıkça, onların iletişim tarzlarını tanımlama yeteneğiniz de artar. Birinin neden belirli bir şekilde konuştuğunu anlamak da artacaktır. İlk bakışta, pasif iletişimciler göz temasından kaçınma ve söylediğiniz her şeye katılma eğiliminde olduklarından, onların iletişim tarzlarını tanıyabilmek, kişilik özellikleri ve ilişkiler hakkında daha doğru değerlendirmeler yapılmasına olanak tanıyacaktır. Belirli durumlar ve ilişkiler farklı diyalog biçimleri gerektirir. İletişim tarzları kimin konuştuğuna bağlı olarak farklılık gösterir; Sevmediğiniz insanlarla uğraşırken pasif-agresif stratejiler, yabancılarla konuşurken ise daha manipülatif yöntemler kullanabilirsiniz. Bu tarzları anlamak sadece kendinize değil, başkalarına da fayda sağlayacaktır. Öyleyse her iletişim tarzının nasıl çalıştığını görmek ve diğer insanlardaki benzer tarzları belirlemek için daha derine inelim.

İddialı İletişim Tarzı

Bu iletişim tarzı yaygın olarak en etkili biçimlerden biri olarak kabul edilir. Bu yaklaşımı kullanan birinin kesin kanaatleri vardır ve bunları paylaşmaktan çekinmez; başkalarının inançlarını küçümsemeden açıkça konuşurlar; kendi görüşlerini özgürce ifade ederken farklı bakış açılarına saygı duymalı; Tartışmalar sırasında fikir birliği ve uzlaşma ararken yüksek özgüven sergilerler.

İddialı iletişimciler, konuşurken sıklıkla "ben" kullanmaları gerçeğiyle kolayca tanımlanabilir. Örneğin, "Tüm bakış açılarına daha hoşgörülü olmalısın" gibi bir ifade yerine "Onun görüşlerini daha fazla desteklememiz gerektiğine inanıyorum" gibi şeyler söyleyebilirler. Bu bireyler aynı zamanda iletişim kurarken olumlu tutumlar sergileme eğilimindedir.

Aşağıda, iddialı bir iletişim tarzına sahip birinin işaretlerinden birkaçı yer almaktadır: * İhtiyaçlarını ve arzularını güvenle ifade ederler.

*Göz temasını korurlar. * Yeri geldiğinde hayır demekten çekinmezler. * Herkesin fikirlerine katkıda bulunması için eşit şans tanırlar.

* "Ben" ifadelerini kullanırlar.

İddialı bir konuşmacıyla etkili bir şekilde iletişim kurmak için, düşüncelerini özgürce ifade etmelerine izin verin ve onlara alan verildiğinde nasıl hissettiklerini tam olarak ifade etmelerine izin verin. İddialı insanlar bu şans verildiğinde bakış açılarını özgürce paylaşma eğilimindedirler, bu da kafa karıştırıcı bir şey bulursanız okumalarını ve yorumlamalarını diğer tarzlara göre daha kolay hale getirir; sadece sorularınızı sorun! Tüm cevapları memnuniyetle sağlayacaklar!

Agresif İletişim Tarzı

Bu iletişim tarzını kullanan kişiler saldırgan ve düşmanca olma eğilimindedir. Konuşmalardaki amaçları her zaman ne pahasına olursa olsun kazanmaktır ve çoğu zaman sohbetlere kendi katkılarının diğer katılımcıların katkılarından çok daha büyük olduğuna inanırlar. Bu kişilerin mesajlarını iletme biçimleri nedeniyle hem içerik hem de bağlam kaybolma eğilimindedir; agresif iletişimciler konuşurken genellikle korkutucu ve küçümseyici bir ton kullanır; bu tür bireyler, benzer tarzlara sahip olanlara karşı daha sert bir şekilde geri adım atabilir ve söyledikleri her şeyin, konuşmalara hakim olma mücadelesinde kaybolmaları nedeniyle etkileşimlerini okumayı oldukça zorlaştırabilir.

Aşağıda birisinin agresif bir iletişim tarzına sahip olduğunu gösteren birkaç işaret bulunmaktadır: * Başkaları hakkında konuşmaya eğilimlidirler. * Sık sık parmakla işaret ederler. * Ve son olarak kaşlarını çatarlar.

* Bu kişiler başkalarını korkutmaya, küçümsemeye, eleştirmeye ve tehdit etmeye eğilimlidirler. Aynı zamanda talepkar ve kontrolcüdürler.

* Fikir veya düşüncelerini agresif bir üslupla ifade eden iletişimciler, "çünkü ben öyle dedim!" gibi ifadeler kullanma eğilimindedirler. otoritelerini savunmak için. İddialı ve saldırgan bir iletişimci arasındaki en büyük fark, onların hakimiyet arzusudur; İddialı bir iletişimci yönlendirilmektense yönlendirmeyi tercih eder. Agresif bir tarza sahip biriyle konuşurken, konuşmaları odaklı ve konuya odaklı tutmaya çalışın; Konuşmalar yön değiştirse bile, mesajlarını anlamaya çalışırken ses tonlarını dikkate almak yerine, ne söylediklerine ilişkin değerlendirmeler yaparak onları geri getirin.

Pasif İletişim Tarzı

İtaatkar iletişim tarzı olarak da adlandırılan pasif iletişimciler, çatışmalardan kaçınarak ve konuşmaları dostane bir şekilde sürdürerek diğer insanları memnun etmeye odaklanma eğilimindedir. Yüzleşmekten hoşlanmazlar ve sıklıkla kabul ederek veya evet diyerek yanıt verirler. Başlangıçta görünenin aksine, bu iletişim tarzına sahip insanlar her zaman olumlu diyaloğa girmezler; bakış açılarını aktarmadaki etkisiz yetenekleri, zamanla çok fazla kırgınlığa ve olumsuzluğa yol açabilir; Pasif iletişimciler kendilerini açıkça ifade etmeyi zorlayıcı bulurken, pasif iletişimciler onları okumayı bile zorlaştırabilir çünkü düşüncelerini açıkça ifade ettiklerini neredeyse hiç duymuyoruz!

İşte bir bireyin pasif iletişim kurduğuna dair bazı işaretler:
* Nadiren göz teması kurarlar.
* Duruşları ortalamanın altındadır. * Tutumları "akışa bırak" yönünde olma eğilimindedir.

* Bu tarza sahip kişiler çoğunlukla hayır demekte zorluk çekerler. Bu tarzdaki insanlarla etkili bir şekilde iletişim kurabilmek için birçok soru sormak ve onları kendi bakış açılarını ifade etmeye teşvik etmek en iyisidir.

Pasif-Agresif İletişim Tarzı

İletişimde herkesin kendine özgü bir gri tonu vardır; Pasif-Agresif İletişim Tarzı da bir istisna değildir. İletişime yönelik iki farklı yaklaşımın bir birleşimi olan bu yaklaşım, herhangi bir çatışma belirtisinde ön planda pasif davranışı ve arka planda bekleyen saldırganlığı kapsar; bu kişiler hoş görünebilirler ancak yüzeyin altında ciddi kırgınlıklar ve öfkeler barındırabilirler.

Kızgınlık sıklıkla dedikodu, alaycılık, küçümseyici davranışlar veya dolaylı olarak hayal kırıklıklarını dolaylı olarak ifade eden dolaylı yorum ve açıklamalarla kendini gösterir. Bu iletişim tarzına sahip kişiler genellikle çözülmemiş sorunlarla uğraşırlar ve bunları pasif-agresif iletişim tarzlarını kullanarak dolaylı olarak gösterirler: * Sık sık alaycı davranırlar * Sözleri eylemleriyle uyuşmaz * Duyguları kabul etmekte zorlanırlar

* Yüz ifadeleri söyledikleriyle örtüşmüyor.

"Üzülmeyin! Sadece şakaydı!" gibi ifadeler kullanabilirler. veya "Ne olursa olsun; umurumda değil!" ve niyetlerini iletirken çoğu zaman pasif agresif veya kötü niyetli görünebilirler; bu da söylediklerinin çoğunun çözülmemiş çatışmalardan ve sorunlardan kaynaklanması nedeniyle bunu yorumlamayı en zor hale getiriyor.

Manipülatif İletişim Tarzını Kullanan Kişiler Bu iletişim tarzını kullanan kişiler, konuşmaların sonucunu ve diğer insanların davranışlarını kelimelerle şekillendirmek için aldatmaya ve nüfuza güvenirler. Konuşmalarının şifresini çözmek çoğu zaman zor olabilir çünkü söyledikleri her kelime, kazanmayı umdukları şey tarafından motive edilmiş gibi görünür; gerçek niyetleri çoğunlukla aldatma veya manipülasyon katmanlarının altında gizli kalır; bu insanlar sıklıkla kibirli görünebilir ve siz onların söylediklerini kabul edene kadar ellerinden geleni yapacaklardır.

Aşağıda manipülatif bir tarza sahip biriyle konuştuğunuzun birkaç işareti verilmiştir: * Genellikle büyük bir inançla açıklamalarda bulunurlar. * Çelişkili bakış açılarıyla karşılaştıklarında iyi tepki vermeme eğilimindedirler. * Bakışlarınızı daha uzun süre tutarlar.

* Konuşurken el işaretlerini kullanırlar.

Bu konuşmacılarla diyaloga girerken sabır ve sükunetin eşit ölçülerde gösterilmesi gerekir. İnançlarınızda iddialı ama kararlı kalarak duygusal tepkiler vermemeye çalışın; onların görüşlerinin sizin fikirlerinizi etkilemesine izin vermeyin ama aynı fikirde de olmayın, yoksa kendilerini izole ederler. İletişimsel tarzlar bir birey hakkında pek çok şeyi ortaya çıkarır; elbette kiminle iletişim kurduğuna bağlı; bu tarzlara çok dikkat ederek yanıtları uygun şekilde düzenleyebilir ve insanları daha derinlemesine anlama konusunda daha fazla fikir sahibi olabilirsiniz.

Kültür birçok farklı unsurun bir araya gelmesinin sonucudur: gelenekler, folklor, ritüeller, dil kullanımı, yaşam tarzı seçimleri ve inançlar; bunların hepsi nasıl iletişim kurduğumuzu ve birbirimizi anlama şeklimizi şekillendirmeye katkıda bulunur. Kültür sadece coğrafi olarak mevcut değildir; bir ilişki içindeki iki kişi, iletişimleri, dil kullanımları ve ritüelleri onu daha da etkileyip şekillendirdikçe zaman içinde kendi farklı kültürlerini geliştirirler; tıpkı farklı işletmelerin, bölgelerin veya her türden ilişkinin de yaptığı gibi!

Birini anlamaya çalışırken aynı zamanda onun kültürünü de anlamalısınız. Birinin nereden geldiğini bilmek; inançları ve alışkanlıkları; ve onları özel kılan bireysel ritüeller veya gelenekler, o bireyle empati geliştirmede çok önemlidir.

Belirli kurallara ve geleneklere uymaya alışkın olan insanlar, farklı ritüellere sahip olanlardan farklı şekilde etkileşime girme eğilimindedir. Kimsenin zamanında gelmediği toplantılara katılmaya alışkın biri, bunun önemini o kadar da takdir etmeyecektir, bu da onları zaman yönetimi becerilerindeki eksikliklerinin kültürel uyumdan ziyade disiplin sorunlarından kaynaklandığına inandıracaktır.

Belirli tarzlar, diller ve iletişim biçimleriyle karakterize edilen bir kültürden gelen bir birey, kendi kültürünün dışından biriyle iletişim kurarken muhtemelen bu etkileri de beraberinde getirecektir.

İnsanları okumaya çalışan bir gözlemci olarak onların kültürel geçmişlerine çok dikkat etmelisiniz. Bunun yalnızca dinlerini ve etnik kökenlerini değil, aynı zamanda belirli topluluklara, kuruluşlara veya diğer etkilere bağlı olarak gelişmiş olabilecek ek küçük kültürleri de kapsadığını unutmayın.

İletişim ve kültürler birbirine bağlıdır. Kültür, toplumu bir bütün olarak şekillendiren kalıplar, yasalar, kurallar ve ritüeller üretmek için karşılıklı iletişimi teşvik eden bireyler arasındaki etkileşimler yoluyla ortaya çıkar. İletişimlerimiz, günlük bir zorunluluk haline gelen küresel iletişim yoluyla sürekli gelişen kültürün omurgasını oluşturur.

Çeşitli kültür ve etnik kökenlerden insanlar sıklıkla farklı yollarla etkileşime girer.

Günümüzde kültür, tek bir var olma ve bir şeyler yapma biçiminden çok daha fazlasını kapsamaya başladı; Bir topluluğun veya toplumun sosyal veya profesyonel olarak kiminle etkileşimde bulunduğuna bağlı olarak, o alanda çeşitli kültürler ve ritüeller olabilir.

Hal böyle olunca insanları okumak ve anlamak hem daha kolay hem de daha zorlu hale geliyor. Birbirimizi daha iyi anlayabilmek için varsayımları yıkmalı ve farklı inanç, kural ve ritüelleri aynı çatı altında buluşturan alanlar yaratmalıyız. Ancak çeşitli kültürlerden insanlarla iletişim kurarken ve onları anlarken karşılaşılabilecek belirli zorluklar olabilir:

İnsanlar farklı şekilde iletişim kurarlar. Kullandığımız kelimeler ve deyimler gibi dillerimiz de farklılık gösterir. "Ne istersen" gibi basit görünen ifadeler bile kültürler arasında farklı yorumlara sahip olabilir; baş parmağın havaya kaldırılması, kime verildiğine bağlı olarak olumlu ya da saldırgan olabilir. Oturma düzenlerinden bireyler arasındaki mesafe farklılıklarına kadar her şey dünya çapında farklı uluslarda farklı anlaşılıyor.

Herkes çatışmayı aynı şekilde ele almaz; Bazıları bunu verimli sonuçlara ulaşmanın bir yolu olarak görebilirken, diğerleri bunu zorlu bir süreç olarak görebilir. Kültürler arası iletişim kurarken, diğer insanların duygularına duyarlı olmalı ve sizin veya ilgili diğer tarafların gerçekleştirdiği belirli eylemlere nasıl tepki verdiklerine çok dikkat etmelisiniz.

Kişisel alana saygı gösterin. Kovid-19 bizi sosyal mesafeyi korumaya zorlamış olabilir ancak diğer kültürler de fiziksel teması ve yakın yakınlığı kabul etmiyor. İnsanları doğru bir şekilde okumaya çalışırken bu ayrıntılara karşı dikkatli olun ve çok yakına giderek veya kendinizi çok erken girmeye zorlayarak kimsenin kişisel alanını ihlal etmemeye çalışın.

Bu çok çeşitli dünyada yaşayan insanlar olarak, hayatta kalmak ve tatmin olmak için birbirimize bağlıyız. Bu ihtiyacı etkili bir şekilde karşılamak için birbirimizin kültürel farklılıklarını ve sınırlamalarını dikkate almamız hayati önem taşıyor. Birinin sözlerini ve eylemlerini neyin şekillendirdiğini anlamadan onu doğru bir şekilde okumayı bekleyemezsiniz; Birinin söyledikleri onun tüm yaşam inançlarını ve deneyimlerini yansıtabilir; nezaket göstermek, aramızdaki bağları güçlendirmede uzun bir yol kat edebilir.

Bir arkadaşınızla sohbete başladıktan sonra, birdenbire önemli ölçüde yanıt vermeyi bıraktığını fark ediyorsunuz ve çok fazla bir katkı sağlamadan söylediklerinize sadece başınızı sallıyorsunuz. O anda, onların ruh hallerini doğru bir şekilde nasıl okuyacağınızı bilmek istersiniz; bu, sabır ve anlayış gerektiren bir şeydir; yine de kesinlikle başarılabilir!

İnsanları okumak onlara yaklaşımınızı değiştirebilir ve bunun tersi de geçerlidir. İnsanların duygularını ve ihtiyaçlarını anlamak, uygun şekilde yanıt vermenizi ve ilişkileri derinleştirmenizi sağlar. İnsanlarla daha derinden bağlantı kurmak için iletişim tarzlarını ve tonlarını ayarlamak. Ancak insanları okumaya çalışırken neye odaklanmalısınız? Neden böyle davrandıklarını anlamak, insan psikolojisine dair içgörü sağlayabilir; bu bölümün ele alacağı şey tam olarak budur!

İkinci Bölüm, yüzyıllar süren araştırmalar, bilimsel bulgular ve insan doğasının incelenmesi yoluyla insan zihnini anlamaya odaklanıyor. İnsanların düşünce kalıplarını ve davranışlarını motive eden farklı kişilik türlerini ve temel insan ihtiyaçlarını ortaya çıkarmaya yardımcı olan farklı teorileri ele alıyoruz; bu bilgiler, yaşamın her kesiminden farklı insanlarla uğraşırken paha biçilmez olduğunu kanıtlayacaktır.

BÖLÜM 8: BAŞKALARINI NEYIN MOTIVE ETTIĞINI BULUN

İnsanları Nelerin Motive Ettiğini Düşündünüz mü Günlük motivasyon ve arzular açısından başkalarını ve kendinizi neyin motive ettiğini hiç düşündünüz mü? Onların İtici Güçlerini Belirlediniz mi Hiç sizi neyin harekete geçirdiğini düşündünüz mü? Sizin koşuşturmacanızı harekete geçiren şey, büyük olasılıkla başkalarını da harekete geçiriyor.

Seni hayatta ne harekete geçirir?

Bu milyon dolarlık soruyu anlamak hem kendiniz hem de en yakınlarınız için dramatik bir fark yaratabilir; motivasyon her şeyi yerinde tutan güçtür.

İnsanları neyin motive ettiğini bulmak onları anlamanın anahtarıdır ancak herkesin farklı olması nedeniyle bu zor olabilir. Kişinin geçmişi ve bugünü, yol boyunca karşılaştığı zorluklara rağmen onu hayatta ilerlemeye motive eden hedeflerini etkiler.

Dolayısıyla insanları neyin motive ettiğini tam olarak kavrayabilmek için onları bireysel olarak tanımak gerekir. İnsanlarla doğrudan tanışarak ve samimi bir düzeyde bağlantı kurarak onların geçmiş deneyimlerini, üstesinden geldikleri mücadeleleri, hayatlarındaki önemli kişileri ve hayatta takip etmeyi umdukları hayalleri veya hedefleri öğrenebilirsiniz. Hayattaki itici güçlerini ortaya çıkaran kişiliklerini bir araya getirirler.

Araştırmacılara ve psikologlara göre, tüm insanlar kendilerini yönlendiren üç evrensel ihtiyaçla doğarlar:

1. Bağımsızlık -kişisel seçimler yapma motivasyonu- çok önemlidir, 2. Yeterlilik ise bir şey için onaylanma motivasyonunu sağlar.

3. Bağlantı İhtiyacı - Başkaları Tarafından Değerli Hissetme Arzusu [3]

Bu nedenle, birinin değişime yönelik motivasyonunu anlamaya çalışırken, konuşma sırasında gündeme getirdiği konulara çok dikkat edin. Onların itici gücü işleri, mali durumu ve hayatlarının diğer yönlerini kontrol etme arzuları mı; ya da daha rekabetçi kariyer hedefleriyle iş yerinde daha yüksek pozisyonlara ulaşma arzuları; ya da belki de sadece hayatlarındaki kişiler için ulaşılabilir ve mevcut olmaktır: arkadaşlar, meslektaşlar veya aile?

Onlarla konuşmak onları neyin motive ettiğine dair bir gösterge sağlayacaktır. Bu üç temel içgüdü motivasyonu sağlayabilir; ancak bireylerde motivasyonu teşvik eden başka güçler de vardır.

Bazı kişiler şöhrete ve güce değer verir. Politikacılar, işletme sahipleri veya sendika konseyi liderleri gibi yüksek güce sahip kişileri siyaset veya sendika konseyi üyeliği gibi pozisyonlarda gördüğünüzde, muhtemelen kariyer basamaklarında daha yukarılara doğru ilerlemeye yöneliyorlar. Diğerleri ise motivasyonu, hizmet sunumu veya tesis yönetimi gibi şeyleri iyileştiren girişimler yoluyla değişim getiren bir kurum veya ülkede liderlik rolleri üstlenerek buluyor.

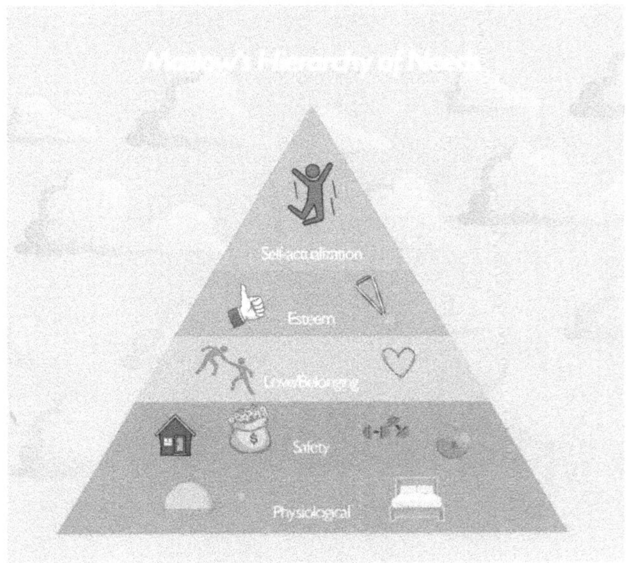

Bu dürtüyü sadece konuşmalarında ve eylemlerinde değil, davranış biçimlerinde de görmek mümkündür. Bu tür bireylerle bağlantı kurmak için doğrudan, gerçekçi ve mantıklı olun. Zamanlarına çok değer veriyorlar; yani siz onların zamanlarına saygı duyarsanız onlar da size saygı duyacaktır.

Bazı bireyler dış güçler tarafından yönlendirilirken, diğerleri motivasyonu tutku gibi içsel faktörlerde bulur. Bu, dünyayı gezmeyi veya başkalarına fayda sağlayacak bir şey üzerinde çalışmayı içerebilir; tutkularını heyecanlandıran konuları tartışırken insanların gözleri parlıyor; Daha büyük hedefler uğruna sıklıkla uykudan, boş zamanlardan veya sağlıktan fedakarlık yapmak.

Eylemlerini tutkuyla yönlendiren biriyle bağlantı kurduğunuzda, duygusal bir bağ kurmak daha kolay hale gelecektir. İnsanların etkilerini anlamak, onları en iyi nasıl anlayacağınıza dair her türlü varsayımı ortadan kaldırır.

Maslow'un İhtiyaçlar Hiyerarşisi)
İnsan zihnini ve duygularını daha iyi anlamak için Abraham Maslow (Amerikalı bir psikolog), temel ihtiyaçların insanlar için motivasyon etkenleri olduğunu gösteren bir ihtiyaçlar hiyerarşisi teorisi geliştirdi. Bu teori, piramit gösteriminde beş seviyeden oluşur.

Temel ihtiyaçlar karşılandıktan sonra, nihai doyuma ulaşana ve piramidin en üst seviyesine ulaşana kadar ek seviyeleri karşılamaya odaklanılır.

Maslow, insanların daha karmaşık gereksinimlere doğru ilerlemeden önce temel gereksinimlerini karşılama konusunda motive olduklarına inanıyordu.[4]

Hayatta bireyleri çabalarında daha fazla ilerlemeye neyin motive ettiğini daha iyi anlamak için bu beş hiyerarşi düzeyini inceleyelim.

Seviye I: Öğrencilerin Fizyolojik İhtiyaçları

Bu temel ihtiyaçlar insanın hayatta kalması için gereklidir ve şunları içerir:
* Su >> yiyecek.4veterinerlik Giyim ve barınak.
* Dinlenmek
Piramidin temelinde yaşamı ya da ölümü belirleyen bu ihtiyaçlar yatıyor. Güçlü ilişkiler ve özgüven mevcut olsa bile, hayatta kalmak için yiyecek olmadan varlığınız tehlikede olacaktır - tıpkı temel ihtiyaçlarınız karşılanmadığı için ilişkileriniz gibi, bu boşluğu doldurmak için muhtemelen başka kaynaklar arayacaksınız - kare bir boşluğu doldurmaya çalışmak gibi yuvarlak mandallarla!

Maslow'un İhtiyaçlar Hiyerarşisinin İkinci Seviyesi Maslow'un ihtiyaçlar merdiveninde yukarıya doğru ilerlediğimizde, güvenlik ve güvenlik, fizyolojik ihtiyaçları halihazırda karşılanmış olanlar için en önemli öncelikler haline gelir. Bu ihtiyaçlar, yaşamdaki kontrol ve düzen arzusundan doğar ve şunları içerir: * Sağlık ve Zindelik * Finansal İstikrar Başlangıçta bu endişeler yalnızca sınırlı bir çekiciliğe sahip olabilir, ancak Maslow'un piramidinde yukarıya doğru ilerledikçe, fizyolojik ihtiyaçları olan insanlar gibi en önemli hususlar haline gelirler. zaten memnun kaldım
* Yaralanmalardan ve kazalardan korunma Bu ihtiyaçlar, bireyleri ilerleme potansiyeli olan iyi bir iş bulmaya, sağlık sigortası yaptırmaya, tasarruf hesaplarına katkıda bulunmaya ve hırsızlık ve şiddete karşı korunmak için güvenli mahallelerde ikamet etmeye zorlar.

Maslow hiyerarşisinin 3. Seviyesini Sevgi ve Aidiyet İhtiyaçlarını da içerecek şekilde şu şekilde tanımlamaktadır. Bu sosyal ihtiyaçlar, romantik ilişkiler, arkadaşlıklar, sosyal ortamlar veya bu içgüdüleri tatmin eden topluluk grupları gibi kişilerarası bağlantılara ve bağlılıklara karşılık gelen ait olma, kabul edilme ve sevgi - duygusal ihtiyaçları içerir.
* Dini Kuruluşlar
Başkaları tarafından sevildiğini ve takdir edildiğini hissetmek, yalnızlık, kaygı, depresyon ve üzüntü duygularıyla mücadele etmenin anahtarıdır. Bağlanmalar, anlamlı bir amaç sağlayarak hayata ait olma duygusu yaratır; insan evriminin bu aşamasında insan davranışını motive etmede duygusal bir bağ hayati önem taşır.

Maslow'un ihtiyaçlar hiyerarşisinde yukarıya doğru ilerledikçe gereksinimler daha karmaşık hale gelir. Bu aşamada, insanların temel motivasyon kaynağı, saygı ihtiyaçlarıdır; saygı ve hayranlık arzularını tatmin etmek, her şeyi körükleyen şeydir! İnsanlar zamanlarının ve çabalarının çoğunu spor faaliyetlerine, mesleki başarılara, akademik başarılara veya özsaygı gereksinimlerinin karşılanmasına katkıda bulunan diğer araçlara ayırırlar.

Bu aşamadaki insanlar topluma anlamlı bir katkı yaptıklarını ve değerli üyeler olduklarını hissetmek isterler. Ulaşılan mutluluk, kendinden memnun olmak anlamına gelir ve bu da etrafındaki diğerlerini güçlendirir. Başkalarının hayatlarındaki olumlu etkiler, diğer hayatları daha iyi hale getirmek için önemli doğrulama kaynakları haline gelir.

Bu seviyedeki ihtiyaçları karşılayamayan insanlar genellikle aşağılık kompleksi geliştirirler ve düşük özgüven sorunlarına yatkındırlar; sonuç olarak ilişkilere ait olmadıklarına ve başkalarının onlar olmadan daha iyi durumda olacağına inanırlar. Bu da kişilerarası ilişkileri olumsuz etkiler çünkü bu aşağılık duyguları hasara neden olur ve sonuç olarak kişilerarası bağlara zarar verir.

Ancak en yüksek seviyelere düşen ihtiyaçlar bile genel yaşam kalitesi üzerinde hala etkili bir etkiye sahip olabilir.

Seviye 5: Kendini Gerçekleştirme İhtiyaçları

Bireyin temel ihtiyaçları karşılandıktan sonra, içsel benliğini keşfederek ve yeteneklerini kişisel gelişim için uygulayarak kendini gerçekleştirme ihtiyaçlarını karşılamaya geçebilir. Bu seviyede, nihai amacınız yaşamınız boyunca sürecek derin tatmin seviyelerine ulaşmak olmalıdır.

Hiçbir iki kişi, eylemlerini etkileyen ideal benliği hakkında aynı fikre sahip değildir. Bazıları daha fazla para kazanmaya odaklanır; diğerleri yaratıcı alanlarda etki yaratmaya veya toplum hizmetlerinde gönüllü olmaya çabalıyor; bazıları ise kendilerini geliştirme veya karşılık verme yoluyla içsel tatmin ararlar. Herkes bu nihai doyuma ulaşmayı arzular, ancak aksilikler çoğu zaman ilerlemeyi engeller; birkaç kişi, sonunda bu doyum seviyesine ulaşmadan önce piramidin yukarısına doğru ilerler.

Maslow bu en üst seviyeyi "büyüme ihtiyaçları", alttaki dört seviyeyi ise "eksik ihtiyaçlar" olarak tanımladı. Eksik ihtiyaçları gidermeye çalışırken gıda kıtlığı, maddi sıkıntı veya izolasyon hissi gibi çeşitli yönlerden yoksunluğa yol açan hususlar ortaya çıkabilir. Maslow'un ihtiyaçlar hiyerarşisinde her basamakta yukarıya doğru çıkılarak mutsuzluk adım adım ortadan kaldırılabilir.

Aksine, eğer beşinci seviyedeki ihtiyaçlarınız karşılanmazsa, yiyecek, mali durum veya güvenlik açısından acil bir sıkıntıya yol açmazlar; daha ziyade bir birey olarak kendinizi daha da geliştirme arzunuzdan kaynaklanırlar ve mutluluk seviyeniz üzerinde son derece zararlı etkiler yaratabilirler.

Maslow'un Teorisi sıklıkla kendisini katı bir hiyerarşi olarak tasvir eder; ancak pek çok kişi bunun yerine getirilmesinin kişinin bireysel ihtiyaçlarına göre değişmez bir ilerlemeyi takip etmediğini gözlemlemiştir. Örneğin, bazıları öz saygı ihtiyaçlarını sevgi ve kabul ihtiyaçlarından daha ön planda tutabilir veya belki de yaratıcı başarı, temel ihtiyaçları bile tamamen gölgede bırakabilir; her şey bireyin önceliklerine bağlıdır.

Maslow'un İhtiyaçlar Teorisi davranışsal motivasyonu oluşturan beş temel ihtiyacı sağlar. Bir bireyin piramidin hangi basamağına düştüğünü anlayarak onları daha iyi kavrayabilir ve etkili iletişim kurabilirsiniz.

T'ye bilim deniyor çünkü insan davranışı kadar karmaşık bir şeyi anlamak, zihin ve davranışın dikkatli analizini gerektiriyor. Bu tür çalışmaları analiz etmek size yalnızca insanlarla empati kurmanızı sağlayacak araçlar sağlamakla kalmaz, aynı zamanda kızgın, üzgün, mutlu göründüklerinde veya başka herhangi bir duygu yaşarken uygun şekilde yanıt vermenizi de sağlar.

Jung'un Dört Psikolojik İşlev Kuramı'nı hiç düşündünüz mü? Neden bazı insanların büyük sosyal toplantılarda daha çok evlerindeymiş gibi göründüğünü, diğerlerinin ise daha küçük samimi ortamlarda tutulduğunda daha çok geliştiğini hiç sorgularken buldunuz mu? Neden bazılarının her zaman eğlenmeye hazır olduğunu, bazılarının ise ateşin yanında kitap okuyarak iç gözlemsel bir gece geçirmeyi özlediğini merak ettiniz mi?

Her bireyin bilinçli enerjisi ve ilgileri, kişisel psikolojik deneyimlerine ve çevresel etkilere bağlı olarak farklı yönlerde aktığı için, bu teori İsviçreli psikanalist ve psikolog Carl Jung tarafından ortaya atılmıştır. Ona göre, kişiliğin baskın kişilik tipini belirleyen karşıt eğilimler olarak belirli tutum ve işlevler kişilikte hakimdir; bu yönler daha sonra onun tutum türünü belirler: içe dönüklük veya dışa dönüklük.

Jung, baskın tutum veya işlevlerin insan bilincinin bir parçası haline geldiğini, karşıtlarının ise bilinçdışı kişilik özelliklerini temsil ettiğini belirtti; bu tür eğilimler sıklıkla stres altında veya rüyalar aracılığıyla ortaya çıkar.

Jung'un dört psikolojik işlev teorisini incelemeden önce, onun tanımladığı ve bu teorinin temelini oluşturan iki kişilik tutumuna hızlıca bir göz atalım.

İçe Dönüklük ve Dışa Dönüklük - Tutumların Dağılımı
İçe dönüklük ve dışa dönüklük, kişinin enerjiyi nasıl ortaya çıkardığına göre belirlenen bir tutum yelpazesinin karşıt uçlarını temsil eder. Kişinin dış etkenlere yönelimi de rol oynar.

İçedönükler enerjilerini nesnelerden çekme ve dış etkilerin onlara güç uygulamamasını sağlama eğilimindedir; Öte yandan dışadönükler, bu nesnelerle aktif ilişkiler kurma çabasıyla enerjilerini artırma eğilimindedirler. Tanım gereği, içedönükler iç dünyaya odaklanırken, dışadönükler daha çok dış ortamlara odaklanırlar; bugün psikologlar Jung'un bu mizaçların genetik olarak aktarılabileceğine dair teorisine katılıyorlar.

Jung'un teorisi, baskın kişilik tutumlarımıza dayalı olarak dört farklı şekilde tepki verme eğiliminde olduğumuzu belirtir: Düşünme, Duyum, Sezgi ve Hissetme.

Ayrıca bu işlevleri iki ayrı gruba ayırdı: Rasyonel (düşünme ve duyum) ve İrrasyonel (sezgi ve hissetme).

İçe dönüklük ve dışa dönüklük ayrı ayrı anlaşılamaz; daha ziyade, bireyin kişiliğinin tam bir resmini oluşturmak için bu dört işlev bağlamında görülmelidirler. Bu teori insan tipolojisinin karmaşıklığını göstermeye çalışmaktadır.

Jung'un teorisi, dış koşullara bağlı olarak dört işlevin de farklı zamanlarda baskın hale gelebileceğini savunuyor; ancak doğuştan gelen eğilimler veya gelişimsel faktörler nedeniyle tipik olarak bir işlev öne çıkıyor; Jung teorisi bunları böyle tanımlıyor.

Düşünme: Bu değerlendirme biçimi, deneyimlerin doğruluğunu veya yanlışlığını değerlendirmek, mantığın müdahalesi ve analizi yoluyla gerçekliği analiz etmek ve bilinçli kararlar vermek için nesneler arasındaki mantığa ve kavramsal karşılıklı bağımlılığa dayanır. Süreç, sistematik etkileşim ve araştırma yoluyla gerçekliğin anlaşılmasına yardımcı olduğundan sistematik ve rasyonel düşünceyi içerir.

Duyum: Bu işlev, herhangi bir mantıksal değerlendirme veya akıl yürütme olmaksızın bir deneyime atfedilen estetik değeri temsil eder; bunun yerine duyumlar, nesnelerin tereddüt etmeden nasıl göründüğüne göre algılanır; Bağlam, anlamlar, imalar veya alternatif yorumlar gibi herhangi bir kavram, kapsamı dışındadır ve bilgiyi tam olarak duyulara göründüğü şekliyle temsil eder.

Sezgi: Sezgisel işlev, ayrıntılı analiz veya mantıksal çıkarım yerine içgüdümüze veya durumların genel algısına odaklanır. Sezgi, onu destekleyecek kanıt veya delil olmaksızın, koşulları, ilişkileri ve durumlardaki gizli olasılıkları anlayarak yön sağlar. Durumları sezgisel olarak okuyarak olaylara anlam katmak ve aynı zamanda daha az fark edilebilecek kalıpları yakalamak bu işlevin bir parçasıdır.

Duygu: Duygu, bir durumu kişinin önyargılarına, beğenilerine ve hoşlanmadıklarına göre değerlendirmeyi içeren duygusal bir işlevdir. Kararlar, benzer durumlarla ilgili duyguları etkileyen geçmiş deneyimlere dayanarak verilir ve bu her zaman özneldir.

Jung'un dört psikolojik işlev teorisi, rasyonel ve irrasyonel işlevleri yelpazenin karşıt uçlarına yerleştirir (yani, duygu, düşüncenin zıttıdır ve sezgi, duyunun zıttıdır), böylece eğer duyum, baskın işlevinizse, o zaman sezgi, ikincil işlevleriniz arasında yer almaz; daha ziyade düşünme ve hissetme, bilmeden karar verme süreçlerine dahil olan aktif karar vericiler olarak kalacaktır.
Benzer mantık kişilik özellikleri (içe dönüklük ve dışa dönüklük) için de geçerlidir. Baskın düşünme modunuz içe dönükse, bilinçaltı duygu modunuzun dışa dönük olma ihtimali yüksektir.
İnsanlar genellikle ikincil işlevlerini etkili bir şekilde kullanmayı zorlayıcı bulurlar, ancak pratik yaparak ve eylemlerinizin farkındalığıyla bu bilinçaltı yetenekleri bilinçli düşünce kalıplarına yükseltebilirsiniz.
İnsanları okumak, onların baskın işlevlerinin içe dönüklüğe mi yoksa dışa dönüklüğe mi yöneldiğini bilerek yapılabilir; bunu sosyalleşme tercihleri, kendilerini ifade etme biçimleri veya sosyal çevreleri gibi ortak işaretlerden anlayabilirsiniz. Bu bilgi

oluşturulduktan sonra karar verirken genellikle hangi işlevi kullandıklarını tahmin edebilirsiniz.

1970'lerden bu yana psikiyatristler, bireylerin özelliklerini ve özelliklerini tanımlamak için Enneagram kişilik teorisini kullanıyorlar. Her noktanın, insanların kendilerine ve başkalarına karşı nasıl düşündüklerine, hissettiklerine ve nasıl davrandıklarına karşılık gelen bir kişilik tipini temsil ettiği dokuz noktalı bir diyagramdan oluşur. Her noktada 27 alt tip vardır ve bunların tümü farklı ortamlardaki davranışlarımızı etkileyen ve sonuçta temel motivasyonlarımız tarafından belirlenen duygu, eylem ve düşünceyi temsil eden üç anahtar merkeze sahiptir.

Enneagram, bir bireyin kişiliğini daha iyi anlayabilmek için insanları baskın motivasyonlarına, korkularına ve davranışlarına göre karakterize etmeyi amaçlamaktadır. Enneagram analizini kullanarak insanları okurken kişilik tipleri, kişinin güçlü ve zayıf yönlerine ve bunların bir bütün olarak toplumla nasıl ilişki kurduğuna dair daha derin bilgiler sağlar. Ayrıca Enneagram, bireylerin neden bu şekilde davrandıklarının ardındaki motivasyonları anlamaya yardımcı olur.

Enneagram teorisi, insanların tek bir baskın kişilik tipiyle doğduğunu ancak bunun deneyimler ve dış etkenlere bağlı olarak değişebileceğini ileri sürer. Dışsal ve doğuştan gelen özellikler birbirini etkileme eğilimindedir; içgüdüsel kişilik özellikleri, kişinin stresli durumlarda nasıl tepki vereceğini belirler; bu da kişiliklerini ya kaygılı ya da sakin olacak şekilde şekillendirir.

Bu teorik sistem ayrıca insanların tek bir kategoriye tam olarak uymadığı gerçeğini vurguluyor; kişilikleri bunun yerine, mizaç değiştiriciler veya kanatlar olarak bilinen bazı ek "kanatlarla" temel türleri birleştiren birden fazla özellikten oluşur. Kanatların mizaç üzerinde bir miktar etkisi olsa da baskın kişilik tiplerini önemli ölçüde değiştirmezler; Bu teoriye göre temel özellikler zaman içinde sabit kalma eğilimindedir, ancak belirli özellikler alışkanlıklar ve sağlık gibi dış etkenler nedeniyle değişebilir.

Bireyler çeşitli kişilik özelliklerine sahip olabilir; baskın tip her zaman onlar için en önemli olarak öne çıkar. Enneagram testi bu kişilik özelliklerinin belirlenmesine yardımcı olabilir.

Şimdi düşünelim: Enneagram kişilikte bulunan dokuz kişilik tipi nedir? Onları daha ayrıntılı olarak inceleyelim.

Enneagram Tip 1 – İlkeli Reformcular Bu kişilik tipine ait insanlar, ahlaki ve etik açıdan doğru davranma arzusuyla hareket ederler. Yaşamın her alanında dürüstlüğe, ilkelere, öz denetime ve mükemmelliğe değer verirler. Tip One'lar, yaşamlarının her alanında kendi kendine hakim olma ve mükemmellik için çabalarken, hem kendilerine hem de etraflarındakilere karşı kabullenme eğilimindedirler. Hem kendilerine hem de yakınlarına karşı kabullenici olma eğilimindedirler ancak bazen kusurları ortaya çıktığında veya kendilerini yetersiz veya yetersiz hissetmelerine neden olduğunda hoşgörüsüz ve yargılayıcı olabilirler.

Tip One'lar tipik olarak Enneagram'ın eylem merkezinde yaşarlar, ancak eylemleri ve kontrolleri prensipler, disiplin ve öz disiplin yoluyla içeriden gelme eğilimindedir. Bu ilkeler onlara yol gösterici güç görevi görür ve Kişilerin düzenli ve kalite odaklı görünmesini sağlar.

Bu kategoriye giren insanlar, hem kendileri hem de çevrelerindeki insanlar için yüksek standartlar belirleyen, keskin bir doğru ve yanlış duygusuna sahip olma eğilimindedir. İç diyalogları genellikle çok sayıda "yapmalıyım" veya "yapmalıyım" ifadesini içerir, çünkü kendilerine karşı bir iç puan kartı tutarlar ve bu da potansiyel olarak yaşamlarında genişlemeye ve daralmaya yol açar.

Sık sık öfke nöbetleri yaşadıkları bilinir, ancak genellikle bunu kontrol altında tutarlar. Öfkeleri genellikle başkaları sorumsuz veya etik dışı davranışlarda bulunduğunda kızgınlık veya kızgınlık yoluyla kendini gösterir; Aşırı durumlarda bu durum, fiziksel katılıklarının arttığı pasif-agresif davranışlarla kendini gösterirken, başkalarını eleştirmelerine rağmen alışılmadık derecede kibar davranırlar ve çoğu zaman dış kaynaklardan gelen eleştirilere karşı anlayışsız görünürler, bu da onları hayal kırıklığına ve sonunda öfkeye doğru sürükler.

Birinci Tipler nispeten nadirdir; 54.000'den fazla katılımcının katıldığı bir araştırmaya göre, yalnızca %10'u Tip Birlerden oluşmaktadır.[6]

Enneagram Tip 2 - Düşünceli Yardımcılar
Tip İkiler, etraflarındaki insanlar tarafından değer verildiğini hissetme konusunda doğal bir arzuya sahiptirler; anlamlı bağlantılar kurmaya, cömertliğe, nezakete ve özveriye büyük önem verirler. Amaçları, kendilerine en yakın olanlara destek ve ilgi göstererek dünyayı sevgi dolu bir ortam haline getirmektir.

En iyi ihtimalle Tip İkiler, alçakgönüllülüğü ve alçakgönüllülüğü dünyayla paylaşan sıcak, sevecen ve cömert bireyler olabilir. Ne yazık ki, daha az sağlıklı olan İkiler benmerkezci ve manipülatif görünebilir, sadece bir ödül için verirler; iç sesleri onlara ancak başkalarının onları sevmesi ve ihtiyaç duyması durumunda değerli olduklarını söyler ve bu da onları kendilerini aşırı genişletmeye ve gereğinden fazlasını vermeye sevk edebilir.

İkililerin eylem kalıpları, ilişkileri geliştirme arzuları tarafından yönlendirilir. Bu nedenle, yakın bağlar ve arkadaşlıklar kurmak için enerji ve çaba harcarlar, başkalarının kendilerini özel ve takdir görmelerini sağlayacak cömert övgü veya iltifatlarla insanları kendilerine çekerler. İkiler, birinin yardıma ihtiyacı olduğunda ya da birisinin değer verdikleri kişilere potansiyel olarak zarar verebileceğini hissettiklerinde anında yanıt verdiklerinde mükemmel tavsiye verme hizmetleri sunma eğilimindedirler.

İkililerin düşünce süreçleri, düşünme ve düşüncelilik tarafından yönlendirilir. Başkalarının ihtiyaçlarına uyum sağlarlar - hatta onların arzularının farkında olmayanlar bile - bu da düşüncelerinin sıklıkla başkaları tarafından tüketilmesini ve onlarla anlamlı şekillerde nasıl bağlantı kurulacağını gösterir. Sonuç olarak, zihinsel enerjinin önemli bir kısmı bağlantı kurmaya adanmış olabilir.

İkiler kendilerini vazgeçilmez hissetmekten büyük zevk alma eğilimindedirler; bu da gururlu bir özsaygıya veya kendi önemlerinin abartılı bir şekilde hissedilmesine dönüşebilir ve sonuçta kişilerarası ilişkileri zayıflatabilir.

İkililerin duyguları dışarıdan sıcak ve destekleyici enerji olarak tezahür etme eğilimindedir. Güçlü empatileri, onları başkalarının duygularını algılama ve buna göre tepki verme konusunda ustalaştırır ve insanlara karşı genel olarak dost canlısı olsalar da, bazen kendilerine göz ardı edildiğini veya adaletsiz davranıldığını hissettiklerinde artan öfkeleriyle şaşırtabilirler; İkiler, adaletsiz davranıldığını algıladıklarında önemsedikleri kişileri korurken iddialı davranırlar ve göz ardı edilmeleri veya görmezden gelinmeleri durumunda duygusal acı hissederler.

Tip İki, nüfusun yaklaşık yüzde 11'ini oluşturuyor ve bu yüzde içinde kadınlar erkeklerden daha yaygın.

Enneagram Tip 3 - Rekabetçi Başarılı

Rekabetçi başarılılar, kendilerini aşma ve önceki başarıları daha büyük başarılarla aşma arzusuyla motive olurlar. Sonuçlar, tanınma ve verimlilik onların gözünde son derece önemli hale gelir ve yeni başarı seviyelerine ulaşmak için eylemlerini koşullara göre uyarlamalarına yol açar.

En iyi ihtimalle, bu bireyler ilkeli, çalışkan ve motive bireyler olarak görülebilir; dünya çapında dürüstlük ve umut yayarlar. Ancak bazen başarı arzuları onları öyle bir boyuta kadar tüketebilir ki, bu onları yaşamdaki önemli ilişkilerden uzaklaştırabilir; kendilerini özellikle önemli hissetmelerine ve öz değer duygularının sözlerden ziyade eylemlerle artmasına neden olabilir.

Yapanlar hedef odaklı eylem planları ile hareket etme eğilimindedirler. Enerjileri ve odak noktaları, görevleri verimli bir şekilde yerine getirmeye yöneliktir. Bu kişilik tipine ait pek çok kişi, kendilerinden beklenen davranış, rol veya beklentilere uyacak şekilde kişiliklerini kolayca değiştirebilir; Rekabetçi doğaları genellikle eğlence etkinlikleri veya iş sırasında kendini gösterir - bu kişilik tipindeki bireyler daha fazla parlamalarına olanak tanıyan aktivite veya yarışmalar bulma eğilimindeyken, sosyal Üçler, grup içinde liderlik niteliklerini gösterme fırsatları olarak takım yarışmalarını tercih ederler - her konuda enerjik ve kendinden emin görünürler. herhangi bir zamanda.

Üçlerin düşünme kalıpları kişiliklerine iyimser bir yön verir. Başarısızlıkları, onları hedeflerine doğru ilerlemekten alıkoymak yerine, öğrenme fırsatları olarak görürler. Üçler, diğerlerini göz ardı ederken kendi bakış açılarını destekleyen bilgileri vurgulama eğilimindedir. Başarıları, doğru şeylere odaklanma ve hesaplı kararlar verme becerilerinde yatmaktadır; Hızlı düşünme süreçleri, işlerin plana göre ilerlemesini sağlamak için uygun iletişim ve katılım becerileriyle uyum sağlamadan önce herhangi bir durumu hızlı bir şekilde kavramalarına olanak tanır.

Rekabetleri, kendilerini başkalarıyla karşılaştırma arzularından kaynaklanır ve kendilerini ne kadar iyi ya da kötü karşılaştırdıklarına göre yargılamak, çoğu zaman tamamen işlerine dalmak, ta ki bir birey olarak kim olduklarının bir parçası haline gelene kadar.

Duygu kalıpları, herhangi bir durumdan duygusal olarak ayrılmalarına ve nesnel, rasyonel kararlar almalarına olanak tanır. Stres, korku ve kaygı gibi olumsuz duyguları onları tüketmez, ancak yine de hayal kırıklığı ve öfke yaşarlar.

Üçler, başarılarına herhangi bir şekilde katkıda bulunabilecekse, mümkün olduğunca insanların kötü tarafına geçmekten kaçınmayı amaçlar. İnsanların tutum ve eylemlerine nasıl tepki verebileceklerinin farkındadırlar; Dışarıdan dost canlısı gibi görünseler de içeride başkalarına karşı güvensizlik hissedebilirler; onların odak noktası başkalarına güven yansıtmak, dolayısıyla da odaklarını bunu yapmaktan uzaklaştıran her şeyi bastırmaktır; diğerleri bu davranışından dolayı Üçleri hareketsiz, hatta ciddi olarak algılayabilirler.

Enneagram Tip Üçleri en nadir kişilik tipleri arasındadır. Daha önce bahsedilen bir çalışmaya katılan 54.000 katılımcıdan yalnızca %11'i bu kişilik tipiyle özdeşleşmiştir; çoğu kendilerini erkek olarak tanımladı.

Enneagram Tip 4 - Yoğun Yaratıcı
Enneagram Dörtlü Tip, benzersiz yaratıcılıklarını kelimelerle, işlerle veya dilin kendisi de dahil olmak üzere başka herhangi bir yolla ifade etmeye yönlendirilir! Bireyciliğe değer verdikleri için kendilerini ifade etmeye ve duygulara büyük önem verirler.

Romantikler ve güzelliğe hayran olan Dörtler, tam anlamıyla gerçek yaratıcılardır. En iyi ihtimalle, bu kategoriye ait olanlar hassas ama aynı zamanda memnundurlar ve onları benzersiz kılan özgün bir yeteneğe sahiptirler; en kötü ihtimalle kusurlarının ve yaralarının farkında oldukları için huysuz veya melankolik görünebilirler; kendi kendine konuşmaları, kendilerini özgün bir şekilde ifade ederek hayatta amaç aramayı içerir.

Dörtlerin eylemleri, kendilerini ifade etme ihtiyaçları tarafından yönlendirilir. Değer verdikleri kişilerle derin deneyimlerini paylaşarak, genellikle içlerindeki sanatçıyı ortaya çıkararak veya semboller kullanarak gelişirler. Eksantrik kişilikleri, arzularını yerine getirmeyen sıkıcı görevleri yerine getirirken çoğu zaman onları hayal kırıklığına uğratır ve hayal kırıklığına uğratır.

Dörtlüler kişisel deneyimlerini izleyiciyle paylaşan "Ben", "benim" ve "benim" gibi ifadeleri kullanma eğilimindedir. Bu ilk başta bencil gibi görünse de, aslında bu onların başkalarıyla bağlantı kurma ve ilişkiler kurma yoludur.

Düşünce kalıplarınız, hayatınızdaki eksik parçalarınız gibi boşlukları doldurma ihtiyacınızdan kaynaklanır. Olumlu verileri göz ardı ederken kendileri hakkındaki olumsuz bilgileri içselleştirme eğilimindedirler; bu da onların, olumlu haberleri görmezden gelirken kendileri hakkındaki olumsuz mesajları içselleştirmelerine yol açar; bu da, birileri onlar hakkında olumsuz imalarda bulunduğunda tepkileri tetikleyebilir. Kararları mantıktan ziyade ağırlıklı olarak duygulara dayandığı için muhakeme duyguları duygular tarafından gölgelenir; bu durum genellikle, önemli kararlar almanın temelini oluşturan deneyime veya duygusal bağlantılara dayalı yargılamadaki bu önyargı nedeniyle önyargılı kararlar alınmasıyla sonuçlanır.

Dörtlerin iç gözlemsel doğası, onları bazen rahatlıkları için fazla derin olan içsel bir düşünce yoluna sürükleme eğilimindedir; onları, sonuçta öz saygılarını azaltan ve diğer insanlar tarafından yanlış anlaşılmalarına yol açan olumsuz düşünce yollarına sürükler.

Dörtlülerin duyguları onların en büyük değerleridir; kendilerini dünyayla ve diğerleriyle bağlantıda hissetmelerine yardımcı olurlar. Ek olarak, Dörtler başkalarının duygularının son derece farkındadırlar - genellikle kendilerinden daha fazla! Maalesef Dörtler duyguları üzerinde çok uzun süre durma eğilimindedirler, bu da onları derin, yoğun ve karamsar gösterir.

Dörtler, ister üzüntü ister mutluluk olsun, duygularını deneyimlemenin gerçekte kim olduklarını keşfetmelerine olanak sağladığına inanır. Duyguları genellikle etraflarındaki dünyadaki değişikliklere göre dalgalanır; ancak üzüntü, özlem ve kayıp, mutluluktan daha fazla etki yaratma eğilimindedir ve onların melankolik veya toplumdan uzak görünmelerine neden olabilir. Ne yazık ki çoğu zaman işleri çok ciddiye alıyorlar ve hayatlarında biraz kaygısızlığa ihtiyaç duyuyorlar.

Dördüncü Tip bireyler, bireysel tarzları ve yetenekleriyle kalabalığın arasından sıyrılan, genellikle kalabalığın içinde öne çıkmalarını sağlayan benzersiz bireyler olma eğilimindedir. [7]

Enneagram Tip 5 - Sessiz Araştırmacı

Beşler, gerçeği ortaya çıkarmak ve karar verirken başkalarını anlamak için içsel bir arzu tarafından yönlendirilen iç gözlemsel doğalarıyla bilinir. Fives, çevrelerini anlamaya çalışırken, objektif bilgiye dayalı kararlar alırken bilgiye ve objektifliğe büyük değer verir. Beşliler aynı zamanda bağımsızlığa her şeyden daha fazla öncelik verirler ve mali kararlar alırken başkalarından yardım istemek veya başkalarından destek istemek yerine mali tasarrufların bilincinde kalırlar; ayrıca başkalarına yeterli yaşama alanı vererek mahremiyete saygı duyarlar.

Diğerleri genellikle Fives'ı insanlarla anlamlı bağlantılar kurmaya olanak sağlayan takıntısız, bilge ve ileri görüşlü kişiler olarak görürler. En kötü durumda, Beşler etraflarındaki dünyayı anlamlandırmaya çalışmak için sıklıkla iç gözlem durumlarına çekildikleri için akıllıca kibirli veya duygularından kopuk görünebilirler.

Beşler, her birey bunu farklı şekilde tanımlasa da, "mahremiyet"e büyük önem vererek, yalnızlıktan ve kendi arkadaşlığından keyif almak etrafında hareket ederler. Bağımsız kalarak kaynakları yeniden doldurmak ve başkalarıyla sınırlar koymak için yalnız zaman kullanırlar; bu genellikle bağımlı olmadan özerkliği korumak için rutinlerde veya çevrede değişiklikler yapmayı içerir. Bu değişiklikler, minimalist yaşam tarzlarını benimsemeyi veya bir uçta veya diğer uçta istiflemeyi içerebilir.

Beşliler, bağımsızlıklarını engelleyebileceği için mevcut kaynakları nasıl kullanacakları konusunda muhafazakar olma eğilimindedirler. İlgilerini çeken bir şey ortaya çıkana kadar mesafeli veya ilgisiz görünebilirler; bu sırada onların son derece duyarlı ve iletişimsel olduklarını, başkalarıyla bilgi paylaştıklarını göreceksiniz.

Bilginin güç olduğuna güçlü bir şekilde inandıklarından, düşünmek onların varlığının özüdür. Bilgiye olan susuzlukları onları bilgiyi derinlemesine keşfetmeye itiyor; Bir şey ilgilerini çekerse, o konuda uzmanlaşmak ve kendilerini o alanda uzman olarak kabul ettirmek için her yola başvururlardı.

Zihin, hayatın geri kalanından teselli bulabilecekleri kutsal bir alandır. Bu yeteneğe sahip insanlar, ilişkilerin ve yaşamın çeşitli yönleri arasında net sınırlar oluştururken çeşitli konulara olan ilgiyi sürdürmek için bilgileri zihinlerinin çeşitli bölümlerine (olaylar, tarihler veya diğer gerçekler) düzenleyebilirler.

Duygularını entelektüelleştirerek ve onları anlamlandırmak için zihinlerine güvenerek anlama eğiliminde olduklarından, duygusal durumları beyin kapasitelerinden büyük ölçüde etkilenir. Ne yazık ki bu onların duygu ve düşüncelerini ayırmalarını zorlaştırıyor ve bu da onları genellikle duygusal açıdan yüklü olaylar veya açık uçlu projeler sonrasında bitkin bırakıyor.

Kişisel kaynakları ve enerjiyi sürekli olarak yönetirken kişi yorulabilir, ancak duygulardan kopma yeteneği enerjiyi daha etkili bir şekilde yönetmeye yardımcı olabilir. Kendilerini ayırarak, kendi uygun zamanlarında duyguları ne zaman gözden geçirecekleri veya yeniden yaşayacakları konusunda güç kazanırlar, bu da daha uygun bir zamanda daha fazla duygusal işlem yapılmasına olanak tanır. Duygusal mesafe koyma davranışları iki işleve hizmet eder: Duyguları daha kolay kontrol etmelerine olanak tanır ve incinmeye ve acıya karşı koruma sağlar; ne yazık ki bu başa çıkma mekanizması bazen onların soğuk ya da diğerlerinden uzak görünmelerine neden oluyor; ancak bu strateji içe dönük ve dengeli bir kişilik sağlar.

Tip Beşler nadir kişilik tipleridir. 54.000 kişiyle yapılan bir anket, ortalama olarak katılımcıların yalnızca %10'unun bu kişilik tipine sahip olduğunu ve bu kişilik tipinin kadınlara kıyasla erkekler arasında daha yaygın olduğunu ortaya çıkardı (erkek katılımcılar için %14 ve kadınlar için %7).

Enneagram Tip 6 – Sadık Şüpheci Altılılar güçlü bir ait olma ve güvenlik arzusuyla hareket ederler; bu onların kararlarını ve ilişkilerini yönlendirir. Her durumda güvenlik için çabalayan altılılar, sorumluluk sahibi olurken sadakat gösteren insanlara değer verir; Kendileriyle derinden bağlantı kurarken sıklıkla cesaret sergilerler; karşılığında etraflarındakilere güven ve bağlılık armağanları verirler. Sağlıksız altılılar aşırı derecede endişelenme eğilimindedirler ve korkunun savunmalarını düşürmesine izin vererek onların şüpheli, şüpheci veya endişeli görünmelerine neden olurlar.

İçsel iç konuşmaları onlara dünyanın güvensiz ve acımasız bir yer olabileceğini söyler, bu nedenle hazırlıklı olmak ve değer verdiklerinize sadık olmak hayatta kalmanın temel bileşenleridir. Dışarıda kendilerini bekleyenlerden korkmamaya çalışırlar ve temkinli davranırlar, bu zulmün zulmüne karşı daima kendilerini kollarlar.

Altılar tipik olarak iki eylem modelinden birini sergiler. Ya duygusal açıdan bunaltıcı durumlardan kaçınmak için korku ve kaçınma davranışı sergilerler ya da kaygıyla doğrudan yüzleşerek yüzleşmeye çalışırlar. Altılıların çoğu bu aşırı uçların arasında bir yere düşer; davranışları yaşamlarındaki koşullara bağlı olarak değişecektir.

Bu kişilik tipine ait bazı insanlar, kendilerine ve başkalarına cesur ve korkusuz olduklarını kanıtlamak için sıklıkla risk alma davranışlarına girişirler; bu ister riskli maceralar olarak ister karşı fobik kalıplara sahip insanlara karşı sözlü eylemler olarak ortaya çıksın. Altıların özenle, tutarlı bir şekilde, özveri ve tutarlılıkla çalıştıkları, aynı zamanda sorumluluğa, sadakate büyük değer verdikleri ve kendilerini eldeki herhangi bir göreve tamamen adadıkları bilinir. Takdire şayan iş ahlakları onları değerli çalışanlar haline getiriyor ve bu da diğer insanların projeleri kendilerine devretme konusunda rahat olmalarını sağlıyor.

Altılar mümkün olduğunca sorunlardan kaçınma eğilimindedir. Ancak hoş olmayan bir durumla karşı karşıya kaldıklarında, düşünme kalıpları onları, çevreleriyle uyum içinde kalmak ve ortaya çıkabilecek tüm olası zorlukları ve sorunları tanımak için tehditleri ve riskleri eleştirel bir şekilde analiz etmeye motive eder. Kendi sorunlarını hızlı ve verimli bir şekilde çözme yeteneğine sahip olmalarına rağmen, yanıtları bazen "evet ama" şeklinde de olabilir, bu da ilgili tüm taraflar arasında iletişimi zorlaştırır.

Bu kişilik tipine sahip kişiler düşüncelerindeki otoritenin farkındadırlar. Otorite figürleri tarafından korunduklarını ve desteklendiklerini hissederken, aynı zamanda başkaları tarafından hayal kırıklığına uğramaktan veya hayal kırıklığına uğramaktan da endişe duyarlar. Düşünce süreçleri, açık olanların yanı sıra birçok ifade edilmemiş duygunun da keşfedildiği, "iç komiteler" görevi gören iç soruları kendilerine sormayı içerir.

Günlük ilişkilerde en kötü senaryolara odaklandıklarından, genellikle panik veya hafif endişe yaşadıklarından duyguları genellikle kaygı etrafında yoğunlaşır; veya terör ve korku gibi daha yoğun biçimler. Duygusal tepkileri her an hızlı erişime olanak tanır; ama ne yazık ki bu, hayatta her şey yolunda giderken bile kafalarında endişe verici senaryoların yeniden canlandırılması anlamına geliyor; Bunun yerine olumsuz duygular üzerinde dururken olumlu duyguları göz ardı etme eğilimindeyiz.

Duygularıyla derinden uyum içinde olan birçok insan, duygularını, umutlarını, düşüncelerini ve korkularını bilinçsizce önlerindekilere yansıtma eğilimindedir. Kendi şüpheleri ve güvensizlikleri sıklıkla başkaları için sorun yaratan zor davranışlara dönüşür.

Altıncı Tip kişiliğe sahip kişiler, her ortama kusursuz bir şekilde uyum sağlama ve her zaman kendilerine en yakın olanları desteklemeye çalışma yetenekleriyle tanınabilir.

Enneagram Tip 7 - Coşkulu Vizyoner

Yedi kişilik tipine ait insanlar yaşam konusunda son derece coşkuludurlar ve çelişkili durumlardan kaçınırken her zaman yaşamdan alınan zevki en üst düzeye çıkarmaya motive olurlar. Doğası gereği Yediler iyimser olma eğilimindedirler; her zaman hayatta kendilerine ilham veren fırsatları ararlar ve mümkün olduğunda bu olasılıklardan yararlanırlar. Hayatı, kendiliğindenliklerini ve etraflarındaki her şeyi takdir etmelerini sağlayan bir macera olarak görürler; her ne kadar diğerleri, spontane faaliyetlerden keyif aldıklarından Yedileri "şu anki modda" sakin olarak algılayabilirler; Bu spontan doğaları nedeniyle, hayattan gelen adrenalin arzusu nedeniyle kararlı ve hatta odaklanmamış görünebilirler!

Davranışları, yaşamlarındaki rutin ve monotonluktan kurtulmanın yollarını bulmaya odaklanır, bu nedenle aktif olarak heyecan ve macera katan etkinlikleri veya insanları ararlar. Yeni şeyler denemekten asla korkmazlar, bazen daha heyecan verici girişimler için yarım kalmış görevleri bırakırlar.

Yediler aktif kalmaya ve güvenle ilerlemeye çalışırlar. Enerjileri her zorluğu zevkle kucaklamakta yatıyor; Her heyecan patlamasından kaynaklanan adrenalin patlaması onların güçlü kalmasını sağlar. Baskı altında bu kişilik tipi, görevleri başarılı bir şekilde tamamlamak için planları değiştirebilir veya çoklu görevleri yerine getirebilir. Vücutları, yeni girişimlerde bulunurken çoğu zaman akıllarını aşabilir; bu, yüksek enerji seviyelerinin sıklıkla sürekli hareket veya yoğun vücut dili olarak ortaya çıktığı anlamına gelir; başkalarına huzursuz oldukları izlenimini verir, ancak bu onların yalnızca meşgul kalmanın bir yoludur!

Yedilerin düşünme kalıpları, fikirler ve bağlantılar arasında zahmetsizce akıcı bir şekilde geçiş yapan, onları ilgilerini çeken ve anında tatmin sağlayan şeyleri keşfetmeye teşvik eden aktif bir zihin tarafından yönlendirilir. Bu nedenle, düşünme kalıpları hızlı zihinsel işlemleme ve uyarılmanın birleşimini içerir. Yediler çok sayıda seçeneğe sahip olma eğilimindedirler ve herhangi bir konuda kısıtlanmış hissetmekten hoşlanmazlar; seçeneklere sahip olmak onlara özgürlük sağlar; Hızlı zekaları, birçok alanda bilgi edinmelerine olanak tanır ve bu da yenilikçiliği ve yaratıcılığı teşvik eder, çünkü parmaklarının ucunda çok sayıda veri vardır.

Ayrıca fikirlerini başkalarıyla paylaşmaktan hoşlanırlar çünkü bu onların ilham almasını ve hayatla ilgilenmelerini sağlar. Yeni bilgi geldiğinde, onu hızla kavrama ve yol boyunca daha fazlasını keşfetme eğilimindedirler.

Yediler, kendilerini enerjik ve iyimser kişilikler aracılığıyla gösteren olumlu duygusal manzaraları deneyimleme eğilimindedirler; bu da diğerlerinin Yedileri iyimser, neşeli ve coşkulu bireyler olarak görmelerine yol açar. Sıkıntı, üzüntü, kaygı ya da korku gibi olumsuz duygularla karşılaştıklarında içgüdüsel olarak bu olumsuz duyguları hızla tersine çevirerek rahatsızlıktan daha çabuk kurtulmanın yollarını ararlar.

Yedilerin olumlu duygulara yönelik doğal eğilimleri çoğu zaman olumsuz deneyimleri zihinlerinde öğrenme deneyimleri veya fırsatlar olarak çerçeveleyerek iyimserlikle görmelerine neden olur. Maalesef bu rasyonelleştirme, işler kötü gittiğinde eylemlerin sorumluluğunu almayı daha da zorlaştırıyor; ama iyi tarafı, bakış açılarını olumlu tutuyor ve hayata iyimser bir bakış açısı kazandırmaya yardımcı oluyor.

Yediler, kişisel alanlarını oldukça koruma eğilimindedirler ve yetenekleri konusunda kendilerine meydan okunmasından hoşlanmazlar. Bir Yedi'ye meydan okursanız, onların gazabıyla yüzleşmeye hazırlanın. Yediler, rahatsız edici veya ağır durumlarla karşılaştıklarında, şakalarla ruh halini hafifletmek için yorulmadan çalışır veya kahkaha uyandıran anekdotlarla meşgul olarak gerilimi hafifletmek ve dengeyi yeniden sağlamak için neşeli açıklamalar yapar.

Truity araştırması, Enneagram Yedili Tip'in 54.000 katılımcıdan ankete katılanların yüzde 9'unu oluşturduğunu ortaya çıkardı.[8]

Enneagram Tip 8-Aktif Challenger Tip Sekizler, güçlü görünme ve mümkün olduğunca savunmasızlık göstermekten kaçınma ihtiyaçları tarafından yönlendirilir; bu da kendilerini içinde buldukları durumlarla başa çıkmada doğrudan ve etkili olmalarına yol açar. Kontrol ederek durumları hızlı bir şekilde kontrol altına alırlar. doğrudan bir şekilde. Sekizler, kendilerine meydan okunduğunda başarılı olurlar ve ilişkilerinde adil davranırlar, başkalarını korumak için doğru adalet duygularını kullanırlar. En iyi durumda, Sekizler son derece şefkatli ama güçlü ama yaklaşılabilir görünürler. Sekizler gerçeğe uygun davrandıklarında hepimize masumiyeti hediye ederler. Bununla birlikte, en kötü hallerinde, genellikle acımasız bir dünyada hayattan daha büyük görünme stratejilerinin bir parçası olarak Sekizler saldırgan, otoriter ve şehvetli görünebilirler. Durumları kontrol ederek adaletsizliklerin etrafından daha kolay dolaşabileceklerine inanırlar.

Sekizler Enneagram'ın kalbinde yer alır. İşin özünde hiçbir şey yapmamak yerine içgüdüye dayalı olarak harekete geçerler; bu da genellikle yoğun ve doğrudan konuşma, sözcük seçimi, beden dili ve karar verme tarzıyla kendini gösterir. Sekizler kontrolü ele almayı ve işleri kendi şartlarına göre gerçekleştirmeyi severler; bağımsızlıkları tatmin edici buldukları projeleri sürdürmelerine olanak tanır.

Başkalarıyla işbirliği yapmak Sekizler'e doğal olarak gelmez; bunu zorunluluktan yapıyorlar. Sekizler kontrolü sürdürmekten gurur duyarlar, çoğu zaman olayları kendileri mikro yönetirler ve çoğu zaman gerektiğinde başkalarını da mikro yönetirler. Hızlı hareketleri, başkaları bunaldığında ve asi hale geldiğinde onlara iyi hizmet eder; hızlı bir şekilde devreye girer, kontrolü ele alır ve tereddüt veya gecikme olmadan sorunları etkili bir şekilde çözerler.

Mikro yönetim onların favori etkinliği olmayabilir, ancak durumu kontrol altında tutmalarını sağlar ve sonuçlar üretir; böylece bu amaca ulaşmak için yapılması gereken her şeyi yaparlar.

Sekizler, sorumluluğunu üstlendikleri kişilerin beceriksizliğine ve zayıflığına tahammül etmezler, ancak kendi idareleri altındakileri şiddetle korurlar. Değer verdikleri birine haksız davranıldığında Sekizler, adaleti sağlamak ve kendilerine yapılan haksızlıkları düzeltmek için yorulmadan savaşır.

Sekizler, insanları zayıf veya güçlü olarak sınıflandırma ve buna göre hareket etme eğilimindedir; genellikle bu "ya hep ya hiç" değerlendirme yöntemine dayanarak belirli kişilere daha fazla dikkat ederler. Sekizler, çatışmalı durumlarla ilgilenirken belirsizliğe karşı dürüstlüğü tercih etme eğilimindedir; durum karşısında kendilerini güçsüz hissetmelerine neden olacağından, döngünün dışında kalmak yerine gerçeği tercih ederler; kendilerini güncellemeler, ilerlemeler veya etkinlikler hakkında olabildiğince fazla bilgiyle donatmak, Sekizlerin büyük resme daha verimli bir şekilde odaklanmasına yardımcı olur.

Başkalarından çok kendi amaçlarına odaklanmak bu insanlar için çok önemlidir; Zevk almadıkları veya sıkıcı bulmadıkları şeyleri yapmaya zorlanmaktan hoşlanmazlar çünkü bu, enerjilerini verimsiz bir şekilde boşa harcar.

Sekizlerin karmaşık duygusal kalıpları vardır. Çabuk sinirlenme ve buna göre tepki verme eğilimindedirler, ancak öfkelerini hızla dışarı attıktan sonra hızla uzaklaşırlar. Sekizler kendilerini savunmasız hissetmekten kaçınmaya çalıştıkları için üzüntü veya zayıflık duygularını açıkça ifade etmeme eğilimindedirler - bunun yerine bu duyguları yalnızca güvende olduklarında tanımayı tercih ederler - sevgiyi kimliklerinin bir parçası olarak güç ve koruma yoluyla gösterirler.

54.000 katılımcıyla yapılan Truity çalışması, insanların %15'inin Enneagram Sekizinci Tip kapsamına girdiğini gösterdi; bu insanlar çoğunlukla erkekti.

Enneagram Tip 9 - Uyarlanabilir Barışçı

Dokuzlar, çevrelerinde uyum yaratma arzusuyla hareket ederek arabulucu olarak hareket etme eğilimindedir. Bu nedenle, yaptıkları her şeyde barışı sağlamaya öncelik verirken çevrelerindekileri kabul etmeye ve onlara uyum sağlamaya çalışırlar; bu da onların mümkün olduğunca çatışmadan kaçınmasını sağlar.

Dünyanın çoğu Dokuzları, etraflarındakilere fayda sağlayacak eylemler gerçekleştirmeye çalışan canlı, deneyimli ve kendinin farkında olan bireyler olarak algılıyor. Ancak en kötü ihtimalle Dokuzlar inatçı, tembel veya kendini inkar eden görünebilir; Bunun nedeni, barışı korumak için herkesle aynı fikirde olmaları, ancak daha sonra başkalarının ihtiyaçlarına kendi ihtiyaçlarından daha fazla değer vermeleri ve kendileri ve etkileşimde bulundukları kişiler için rahatsızlık duygusu yaratmalarıdır. Ancak kayıtsız doğaları, başkalarını kendilerine çekerken, onların yanındayken de insanların kendilerini rahat hissetmelerini sağlar.

Dokuzlar, ya çevrelerini manipüle ederek ya da bir şey kendilerini rahat hissetmediğinde pasif bir şekilde direnerek başkalarının kontrolünden kaçınma arzularına dayalı olarak harekete geçme eğilimindedir. Eylemleri veya eylemsizlikleri, çatışmayı tolere edemeyecekleri için muhtemelen barışı ve uyumu sürdürmekten kaynaklanacaktır.

Rahatlık, ilgi çekici buldukları tanıdık rutinler ve ritimler aracılığıyla bulunabilir; bu kişilik tipi ise, kendilerine yakın olan insanlardan gelen enerjilerin birleşmesi ile sonuçlanan anlamlı bağlantılar kurmaktan hoşlanır ve genellikle samimi alanlarında bulunanların alışkanlıklarını veya ilgi alanlarını benimseyerek kendini gösterir. .

Dokuzların düşünme kalıpları yapılandırılmış süreçlere çok uygundur; bu nedenle görevlere yaklaşırken veya hızlı bir şekilde alışkanlıklar veya prosedürler oluştururken ayrıntılara ve açıklığa öncelik verirler. Dokuzlar büyük miktarda bilgiyle sunulduğunda, hepsini anlamlandırmak için bunları zihinlerinde hızlı bir şekilde düzenli bir yapı halinde organize edeceklerdir.

Dokuzlar iradeli ve ısrarcı olma eğilimindedirler, ancak başkalarına baskıcı görünmekten kaçınmak için fikirlerini kendilerine saklama eğilimindedirler. Ne yazık ki bu durum onları ilişkilerinin veya hayatlarının bazı yönlerinden hoşnutsuz bırakıyor.

Tutumları rahat ve aklı başında görünebilir, ancak büyük yoğunlukta yoğun duygular yaşarlar, bu da onları kontrol etmek ve huzurlu, sakin ve cana yakın görünmek için çaba göstermelerini gerektirir. Yoğun duyguları, onları insanlar arasındaki uyumu korumaya motive eder çünkü duyguların davranışları nasıl etkilediğini anlarlar.

Çatışma durumlarında barışçıl arabulucular olarak mükemmel olmalarına rağmen, Dokuzlar öfke gibi olumsuz duygularla doğrudan etkileşime girmekten kaçınma eğilimindedir; bu tür bağlantılar onların enerjisini tüketme eğilimindedir ve genellikle bu duyguları da kabul etmezler. Bu nedenle bunları çok yoğun yaşamamaya çalışırlar. Dahası, Dokuzların çoğu, kendilerine yakın olanların duygularını hissedebilen empatilerdir; çevreleri olumlu ve coşkuluysa genellikle insanlar arasında paylaşılan enerjiyi toplarlar; tam tersi, üzgün ya da kaygılı kişilerle karşılaştıklarında ruh halleri de çarpıcı biçimde düşebilir.

Dokuzuncu sınıf öğrencileri Truity araştırmasına katılanların %13'ünü oluşturuyor; çoğu kadındır.

Enneagram çarkında temsil edilen dokuz kişilik tipi Kalp, Kafa ve Beden tiplerine ayrılabilir. Kalp tipleri, hayatta yön bulmak ve çevrelerindeki insanlarla bağlantı kurmak için duygusal zekaya dayanan iki ila dördüncü tiplerden oluşur; Kafa tipleri, durumların entelektüel olarak işlenmesine dayanan beşten yediye kadar olan tipleri içerir; birden dokuza kadar olan Vücut tipleri ise durumlara yanıt verirken içgüdüleri ve içgüdüsel duyguları kullanır.

Tarih boyunca araştırmacılar insan kişiliğini anlamak için çeşitli metodolojiler araştırdılar. Beş Büyük Kişilik Testi (OCEAN) olarak bilinen böyle bir test, şu soruyu yanıtlayarak grupların istatistiksel yanıtlarını araştırmak için bir faktör analizi yöntemi olarak Goldberg'in Uluslararası Kişilik Öğe Havuzu'ndan türetilen Büyük Beş Faktör Belirteçlerini 1992'de kullanır: İdeal bir yol nedir? birinin kişiliğini özetlemek mi?"[9]

Kişilik değişkenleri sayısallaştırılamasa da, cevaplar bireyleri baskın özelliklerine göre beş geniş gruba ayırıyor: (O-Açıklık C-Vicdanlılık D-Dışa Dönüklük E- Dışa Dönüklük A- Uyumluluk

N - Nevrotiklik Bu kişilik tiplerini anlayarak, onların ihtiyaçlarını anlayarak, ortak ilgi alanları aracılığıyla anlamlı bağlantılar kurarak ve davranışlarınızı buna göre şekillendirerek insanları daha iyi anlayabilirsiniz.

Buradaki ilginç faktör, bu kişiliklerin hem doğanın hem de yetiştirilmenin ürünü olabilmesidir. Ebeveynler bunları aktarabilir veya bireyler, yetiştirilme tarzlarına göre bunları geliştirebilirler.

Bu kişilik özelliklerini daha derinlemesine inceleyelim ve doğanın mı yoksa yetiştirilme tarzının mı daha büyük etkiye sahip olduğunu değerlendirelim.

Açıklık Bu kişilik özelliğinin yeni bilgi ve deneyimlere açık olmasıyla bilinir. Bu ölçekte daha yüksek puan alan kişiler, geniş ölçüde değişen pek çok ilgi alanına sahip, anlayışlı ve yaratıcı olma eğilimindedir; yenilik ve merak da bunların içinde belirgin bir şekilde öne çıkıyor; Öte yandan, daha alt sıralarda yer alanlar daha temkinli, tutarlı olabilir ve soyut düşünce süreçleriyle mücadele edebilir. Birinin açıklık düzeyini bunun gibi bir ölçekte ölçmek istiyorsanız şu soruları sormayı deneyin: Macerayı sever misiniz?

Hayal gücünüz çılgına mı dönüyor? Daha önce yeni faaliyetler başlatan siz miydiniz? Yeni Zorluklara Hazır mısınız?

Tüm bu sorulara "evet" yanıtı verilmesi açıklık düzeyinin yüksek olduğunu göstermektedir. Bu kadar yüksek açıklık düzeyine sahip insanlar hayatta zorluklarla karşılaşmaktan hoşlanırlar ve kendilerini yaratıcı bir şekilde ifade edebilecekleri yaratıcı çıkış yolları ararlar. Bireylerin %57'si kalıtsal olarak bu açıklık özelliğine sahiptir.

dürüstlük
Bu kişilik özelliğinin genel özellikleri arasında hedefe yönelik davranış, düşünceli olma ve iyi dürtü kontrolü yer alır. Vicdanlı insanlar harika planlamacılar olma eğilimindedirler ve yaşamla ilgili kararlar alırken ileriyi düşünürler; dahası, eylemlerinin başkalarını nasıl etkilediğinin ve karşılanması gerekebilecek son teslim tarihlerinin son derece farkındadırlar.

Vicdanlılık ölçeğinde üst sıralarda yer alan kişiler, görevlere ve ayrıntılara yaklaşımlarında dikkatli, düzenli ve verimli olma eğilimindedir. Daha alt sıralarda yer alan kişiler genellikle rahat ve rahattır. Bir kişinin vicdanlılık açısından nerede durduğunu değerlendirmenize yardımcı olacak birkaç soru:

Öz Disiplinli Olmaktan Gurur Duyuyor musunuz?

Ortaya Çıkabilecek Her Şeye Karşı Organize ve Hazırlıklı Mısınız? Yoksa Bunun yerine Spontane Olmayı mı Tercih Edersiniz? Bir Programa Bağlı Kalmaktan, Görevleri Hemen Önceliklendirmekten ve Ayrıntılara Hemen Dikkat Etmekten Hoşlanıyor musunuz?

Bu sorulara "evet" yanıtı vermek, yaşamdaki ve ilişkilerdeki organizasyon ve düzenin gösterdiği gibi, bireyde yüksek düzeyde vicdanlılığın göstergesidir. Vicdanlılığın %49 oranında kalıtsal etkisi vardır.

Dışa dönük özellikler, sosyallik, girişkenlik, heyecan, duygusal ifade ve konuşkanlık gibi özelliklerle tanımlanabilir. Bu kişilik özelliğini sergileyen insanlar sosyal toplantılara katılırken dışa dönük olma ve gelişme eğilimindedir.

Dışadönüklük ölçeğinde yüksek puan alan insanlar, ilgi odağı olduklarında ve insanların yanında olmaktan keyif aldıklarında başarılı olurlar. Bunun tersine, düşük puan alan kişiler (içe dönük olanlar) sosyal etkileşimleri yorucu buluyor ve diğer insanların arkadaşlığından daha çok yalnızlıktan keyif alıyor.

Birindeki dışa dönüklüğü anlamak için aşağıdaki soruları sorun: 8.5 Toplantılarda ilgi odağı olmakta veya sosyal ortamlarda sohbet başlatmakta zorluk yaşıyor musunuz? Yeni insanlarla tanışmaktan hoşlanıyor musunuz ve geniş bir tanıdık veya arkadaş çevreniz var mı?

Bir şeyleri düşünmeden önce seslendirme eğiliminde misiniz?

Bu soruları kabul ediyorlarsa dışadönüklük ölçeğinde yüksek puan alıyorlar. Kendinizi bu ölçekte daha düşük puan alan kişilerin arasında bulursanız, aşırı konuşmayı teşvik ederek veya onları sosyal toplantılara iterek onları dışa dönük olmaya zorlamamaya çalışın; içe dönük kişilik özelliklerine sahip olanlar, duygusal beslenme ve rahatlık sağlayan yerlere daha yakın olma eğilimindedirler.

Dışa dönük özellikler %54 oranında kalıtsal etkiye sahiptir.

Uyumluluk

Bu kişilik boyutu nezaket, güven, şefkat, fedakarlık ve diğer olumlu sosyal özellikleri kapsar. Uyumluluk düzeyi yüksek olan kişiler şefkatli, arkadaş canlısı ve işbirlikçi olma eğilimindeyken, bu özelliğe sahip olmayanlar mesafeli, analitik veya rekabetçi hale gelebilir, hatta bazen manipülatif davranışlara bile ulaşabilirler.

Uyumluluk ölçeğinde nerede durduklarını belirlemek için bireyleri sorgulayın: Kolayca güvenirler mi ve başkalarına kolaylıkla ikinci şans verirler mi, empatik midirler, başkalarını rahat ettirmekten hoşlanırlar mı, vb.

İhtiyacı olanlara yardım sağlama konusunda tutkulu musunuz?

Bu sorulara verilen olumlu yanıt, uyumluluk ölçeğinde yüksek bir sıralamaya işaret etmektedir. Bu ölçekte düşük puan alan bireyler genellikle empatiyi doğal bir şekilde deneyimleyemezler ve kendilerini diğer insanların yerine koymak ve buna göre tepki vermek için bilinçli çaba sarf etmeleri ve davranış değişiklikleri yapmaları gerekir; Uyumluluk özelliklerinde kalıtsal faktörlerin %42'si rol oynuyor.

Nevrotiklik Bu kişilik boyutuna atfedilen huysuzluk, duygusal dengesizlik ve üzüntü gibi özelliklerdir. Nevrotiklik, birinin duygularını nasıl ele aldığını ifade eder; Bu ölçekte yüksek puan alan kişiler hassas, kolay sinirlenen ve ruh halindeki değişimlere duyarlı olma eğilimindedir; Öte yandan, daha düşük puan alan kişiler duygusal açıdan güvenli, emniyetli ve dirençli olma eğilimindedir.

Bu soruları sorarak kişinin nevrotiklik ölçeğinde nerede durduğunu değerlendirmek mümkündür: (Endişe verici mi? Kolayca Stresten Kurtulmak mı? Tekrarlayan Ruh Hali Değişimleri)

Stresli durumlarla baş etmekte zorlanıyor musunuz?

Bu sorulara olumlu cevap vermek, kişide yüksek düzeyde nevrotiklik olduğunu gösterir. Tetikleyicilerini ve sakinleştiricilerini bilmek ruh hallerini kontrol altında tutmada faydalı olacaktır.

Nevrotikliğin %48 oranında kalıtsal bir bileşeni vardır.

Bu özellikleri ve bunların insanları nasıl etkilediğini anlamak, daha iyi iletişim kurmanın ve karşınızdaki biriyle en iyi nasıl etkileşim kuracağınızı belirlemenin anahtarıdır.

Dr. David Keirsey'nin Mizaç Teorisi

Eğitim yaratıcısı ve psikolog Dr. David Keirsey, bireyleri etkinlik kalıplarına, iletişim alışkanlıklarına, karakter tutumlarına, yeteneklere ve değerlere göre dört mizaç grubuna ayıran Keirsey Mizaç Sıralayıcısını tanıttı; bu yöntemde, her kişinin kişisel ihtiyaçlara göre iş yerindeki etkisi dikkate alınır. .

Dr. David Kersey, insan kişiliğinin mizaca göre dört geniş gruba ayrılabileceğini belirtiyor. Her mizaç, kendi özelliklerini karakterize eden kendi güçlü, zayıf yönlerini ve niteliklerini içerir. Bu dört mizaç şunları içerir:

Zanaatkarlar Bu kişiler sanat, edebiyat, şiir gibi yaratıcı alanlardaki uzmanlıklarıyla diğerlerinden kolaylıkla ayırt edilebilirler. Eylemleri sanatlarının bir ifadesi olarak hizmet ederken, macera duyguları onları risk almaya veya zaman zaman spontan olmaya itiyor.

Koruyucular, etraflarındakilerle işbirliği yaparak ve geleneksel kültürlerin benimsediği kuralları takip ederek toplum içinde önemli bir konuma sahiptir. Adanmışlıkları düzeni bozulmadan tutmaya yardımcı olan şeydir; nüfus üyelerinin %40 ila 45'ini oluştururlar.

Kendini geliştirmeye ve gelişmeye odaklanan İdealist İnsanlar muhtemelen İdealist mizaç grubuna aittirler; başkalarına karşı güçlü bir sadakat duygusuna sahiptirler, başkalarına yardım edecek eylemlerde bulunma konusunda motive olurlar ve bir bütün olarak topluma fayda sağlayacak adımları aktif olarak atarlar. Nüfusun %15-20'si bu mizaç kategorisine aittir.

Pragmatik ve mantıksal düşünme tarzlarıyla tanınan rasyoneller, en nadir kişilik tiplerindendir ve problem çözme uzmanlıklarıyla tanınırlar. Ancak bir şey hayal güçlerini ele geçirdiğinde, kendilerini o kadar kaptırabilirler ki gerçeklikten kopabilirler ve başkaları onu tuhaf ya da uzak olarak algılayabilirler.

Nüfusun yalnızca %5-10'u Rationals mizaç grubuna girmektedir. Kariyer danışmanları, insanların kendilerini daha iyi anlamalarına ve onları doğru kariyer yoluna yönlendirmelerine yardımcı olduğu için Keirsey Mizaç Sıralayıcısını sıklıkla kullanır.

Tüm bu teoriler insan doğasını, bireyleri neyin motive ettiğini ve belirli durumlara verdikleri tepkileri anlamayı amaçlamaktadır. Araştırmacıların onlarca yıldır biriktirdiği bilgiler sayesinde insanları daha iyi okuyabiliyor ve aramızda bağlantılar kurabiliyoruz.

Çoğu insanın inandığı gibi dinlemek, duymakla aynı şey değildir. İnsanlar genellikle konuşmalara ya duyulmayı umarak ya da tamamen duyulmamayı umarak girerler; ikinci durum çoğu zaman diğer kişinin söylediklerine istediğimizden daha az dikkat etmemize neden olur ve her iki taraf da bizim ilgi eksikliğimizi sanki onlar tarafından hissedilmiş gibi yaşar. İki taraf da.

Dikkatli bir şekilde dinlemek, konuşmalarda ve insanları anlama yeteneğinizde oyunun kurallarını değiştirebilir. İnsanların aslında ne söylediğine dikkat etmek her şeyi değiştirebilir: birinin nasıl düşündüğünü tahmin etmeye gerek yok; Birinin kafasının içine bir göz atmak istiyorsanız, birisi konuştuğunda dikkatlice dinleyin; bunun yerine birisi konuştuğunda daha fazla dikkat edin; birçoğu düşüncelerini ve fikirlerini çelik duvarların arkasına saklamaz, bunun yerine kim oldukları konusunda açık olmayı tercih eder ve yeterince dikkatle dinlerseniz sizi içeri almaktan korkmazlar!

Konuşurken niyetini doğru bir şekilde yorumlayabiliyorsanız, birinin aklını okuma ihtiyacı hissetmezsiniz.

Carl Rogers ve Richard Farson "aktif dinleme" terimini ilk kez 1957'de popüler hale getirdiler ve tanımı zamanla geniş çapta kabul gördü. Aktif ve pasif dinleme iki dinleme şeklidir. En iyi dinleme sonuçları için aktif dinlemeye öncelik verilmelidir. Birine gerçekten odaklanmak için kişinin pasif yerine aktif dinlemeye öncelik vermesi gerekir.

Aktif dinleme, zihinsel varlığı, sabrı ve kişinin yanıt olarak konuşması gerektiğini hissetmeden duyma becerisini gerektirir. Herhangi bir kesme dürtüsüne direnirken diğer kişinin ne iletişim kurduğunu anlamaya odaklanın. Ekleyecek daha iyi bir şeyin olduğunu hissettiğin her an, beklemeye karar ver. Her konuştuğumuzda büyüme fırsatını kaçırıyoruz. Birine kendisini ifade etmesi için güvenli bir alan vererek değerli bilgiler kazanabilirsiniz. Başka birinin sizi kendi zihninde samimi bir tura çıkarırken elinizden tutmasına izin verin!

Satır aralarını tahmin etmeye ve okumaya gerek yok! Karşınızdaki kişinin sözünü kesmeden veya yargılamadan konuşmasına izin verin; bu şekilde onun hakkında diğer stratejilerden çok daha fazlasını keşfedeceksiniz!

İnsanlar kendileri hakkında konuşmayı severler! Kendileriyle ilgili açıklayabilecekleri tüm bilgileri ortaya çıkarmak için gerçek bir ilgi göstererek ve araştırıcı sorular sorarak bu doğal eğilimden yararlanın.

Destek İçin Beden Dilini Kullanın

Gözleri omzunuzun arkasındaki hiçbir şeye sabitlenmemiş biriyle konuşmak ne hoş ne de cesaret vericidir; bu nedenle iletişim kurarken beden dilinizin ilginizi yansıttığından emin olun. Onlara doğru dönün, sık sık gülümseyin ve göz temasını korurken sık sık başınızı sallayın; sıkılmış ya da ilgisiz görünmeyin, çünkü bu hızla belirginleşecek ve kimlikleri hakkında daha fazla bilgi edindikçe onlara saygısızlık edeceksiniz.

Dikkat Dağınıklığının Azaltılması
Zihninizin dikkat dağıtıcı şeylerden uzak kalması çok önemlidir. Başka biri konuşurken, o konuşma sırasında zihinsel listeler yapma veya e-postalara yanıt verme dürtüsüne direnin; hazır bulun. Dikkatinizi dağıtan her şey ortadan kaldırılmalıdır: Telefonunuzu doğrudan görüş alanından uzaklaştırın, böylece sizi her çaldığında onu almaya veya bildirimleri kontrol etmeye teşvik etmez!

Cesaretle Başınızı sallayın ve Hikayelerine Yanıt Verin
Cesaret verici bir şekilde başınızı salladığınızdan, öne eğildiğinizden ve güçlü görünmek için aşırıya kaçmadan, derinden bağlı olduğunuzu göstermek için hikayeler dinlerken uygun şekilde yanıt verdiğinizden emin olun. Dinlediğinizi göstermenin çeşitli yolları vardır; burda biraz var:
* Vücudunuzu kullanarak yanıt verin. Örneğin, gözlerinizi daha geniş açmak veya yumruklarınızı sıkmak bir şeylerin ters gittiğine dair bir ipucu olabilir; şok, sürpriz, hayal kırıklığı veya heyecan.
* İfadelerini yeniden ifade edin. Örneğin, size genel olarak havucu diğer sebzelere tercih ettiklerini söylerlerse şöyle bir yanıt verirsiniz: "Dünyadaki tüm sebzeler arasında havuçları mı tercih ettiğinizi mi söylemek istiyorsunuz?" Dikkat ettiğinizi göstermek için söylediklerini yüksek sesle tekrarlayın, böylece karşınızdaki kişi onu duyduğunuzu ve anladığınızı anlayacaktır. Bu ilginizi gösterir ve onlara önem verdiğinizi gösterir.
*Kendilerinden tekrar etmelerini isteyin. Bu kaba görünse de, bunu yapmak onların paylaştığı her kelimeye saygı duyduğunuzu gösterir ve önemli hiçbir şeyi kaçırmamanızı sağlar.

Sadece dinlemek, insanlar hakkında diğer yaklaşımlardan çok daha fazla bilgi edinmenize yardımcı olabilir. Birisi konuşurken dinlediğimizde ve ilgili sorular sorduğumuzda, diğerlerinden çok daha fazlasını öğrenebiliriz! Başkalarına gerçek ilgi gösterin, onlar da keşfetmeniz için beyin oyunlarını açacaklar!

Hiç bir randevuya çıktığınızda karşınızdaki kişinin ne düşündüğünü veya hissettiğini düşündüğünüz oldu mu? İdeal olarak, toplantının ilerleyişini bize bildirecek işaretler olacaktır. Evet... var! Beden dili, birinin nasıl hissettiğini aktarmanın bilinçsiz bir yoludur; ipuçlarını doğru şekilde yorumlamaktır. Bazen bu bilinçaltı sinyaller farkında olmadan ortaya çıkar. UCLA araştırması[12] bu noktayı göstermektedir; İletişimin yalnızca %7'si söylediklerimizle (yani kelimelerle), %38'i ses tonuyla ve %55'i beden dilini kullanarak gerçekleşir; bu %55'i yorumlamayı öğrenmek, insanları anlamada avantaj sağlayabilir.

Dolayısıyla bir dahaki sefere randevuya çıktığınızda veya herhangi bir sosyal toplantıya katıldığınızda, şu ince ipuçlarına dikkat edin:

* Gülümseyen Gözler: Gözler ruhumuza açılan penceredir derler; bu kesinlikle doğru! İnsanlar mutlu olduğunda, saklama girişimlerine rağmen gülümsemeleri saklanmaktan kurtulabilir, ta ki en sonunda ciltleri gözlerinin etrafında kırışarak kaz ayakları oluşturarak varlığını ortaya çıkarana kadar! Bazen insanlar sadece nezaketten veya gerçek duygularını gizlemek için gülümser; bu nedenle birinin gerçekten gülümseyip gülümsemediğini bilmek istiyorsanız, gözlerine dikkat edin!

*Bacak ve kolların çaprazlanması: Birinin bacaklarını ve kollarını çaprazlaması, önlerinde duranlara karşı fiziksel bir bariyer oluşturur ve sözleri veya gülümsemeleri aksini gösterse bile direnişi gösterir. Psikolojik yorum, bu beden dilinin, duygusal, psikolojik veya fiziksel olarak önlerinde yatan şeyden uzaklaşan birini gösterdiğini öne sürüyor.

*Kaşların Kaldırılması: Birinin kaşlarını kaldırması endişe, korku veya şaşkınlık belirtisi olabilir. Gündelik konuşmalarda bunu yapmak zordur; Arkadaşlarınızla kahve içerken onları yükseltmeyi deneyin, farkı hemen fark edeceksiniz.

* Beden Dilini Yansıtmak: Sizinle aynı anda başını eğerek veya bacak bacak üstüne atarak sizin beden dilinizi yansıtan biriyle hiç karşılaştınız mı? Bu, söylediklerinizle ilgilendiklerini ve saygıdan dolayı farkında olmadan sizi kopyaladıklarını gösterir; eğer bu bir tarihte gerçekleşirse, bu çok değerli olabilir!

* Sıkışık Çene: Çatışma veya anlaşmazlık durumlarında, kişinin çenesinin sıkılması, kaşlarının çatılması veya boynunun sıkılması hızla ortaya çıkan bir özelliktir; çünkü rahatsız olmak, vücutlarında bu reaksiyona neden olan stres sinyallerine dönüşen fiziksel gerilimi tetikler.

* Abartılı baş sallama: Birisi söylediklerinize defalarca başını sallayarak karşılık veriyorsa, bu onun söylenene katıldığını göstermez; aksine bu onun adına endişe duyduğunu ve buna göre baş sallayarak sizi memnun etme arzusunu gösterir.

Birinin aklını doğrudan okuyamasanız bile onun beden dilini gözlemleyebilir ve gerçek duygularını yorumlayabilirsiniz. İnsanların psikolojisini öğrenmek, ancak deneyimle daha iyi hale gelen, hayat boyu süren bir öğrenme yolculuğudur. Eylemlerinin ardındaki motivasyonların kilidini açmak ve bunları kişilik özellikleriyle ilişkilendirmek, zihnimizin nasıl çalıştığına ve onu nasıl çözebileceğinize dair daha derin içgörüler sağlar.

Katkılarınızın sohbeti nasıl etkilediğini hiç düşündünüz mü? İnsanları anlamak, sadece başkalarının yaptıklarını izlemeyi değil, aynı zamanda kendi eylemlerini de gözlemlemeyi gerektirir. İletişim iki yönlüdür; Doğru adım atmak için karşı tarafın size ilettiklerini anlayarak ve ona uyum sağlayarak üzerinize düşeni yapmalısınız.

Eğer ön yargılarla ve inançlarla doluysanız, resmin tamamını görmenizi engelleyen kimse insanları doğru bir şekilde okuyamaz. Başkalarını gözlemlemeye başlamadan önce, kendiniz hakkında - nasıl davrandığınız, düşündüğünüz ve insanları nasıl algıladığınız - hakkında derinlemesine bilgi edinmek gerekir.

Bu bölüm herhangi bir ön yargının, ön yargının veya insan doğasına ilişkin sınırlı anlayışın başkalarının iletişimini veya algısını engelleyip engellemediğini tespit etmek için iç inançlarınızı inceler.

Donald Trump'ın "Ben çok istikrarlı bir dahiyim" tweetini hatırlıyor musunuz? Yanıtı komedyenler ve gazeteciler tarafından öz farkındalık eksikliği nedeniyle eleştirildi, ancak çoğu insan bu alanda başarısız oluyor ve çoğu zaman başkalarını anlamada zorluklara yol açıyor. İlk başta kafa karıştırıcı gelse de, "her insan sizin aynanızdır", dolayısıyla bir başkasını tam olarak anlamak için önce kendinizi tam olarak anlamanız gerekir! Çoğu insanın bilmediği bir şey bu!

Bu bizi bir sonraki sorumuza (yani kendinizi nasıl tanıyacağınız sorusuna) yönlendirir. Bu, kendinize karşı acımasızca dürüst olmayı içeren kapsamlı bir süreçtir; bazen bu kulağa kolay veya kolay gelebilir, ancak bazen bu zorluk hayatınızın en büyük sorunu haline gelir! Örneğin, bazen öfkemiz ya da duygusal patlamalarımız, bunları başkaları tetiklediği için haklı görünebilir; yine de bireyler olarak tepkilerimizi suçlamak yerine kontrol etmek bizim sorumluluğumuzdur.

Kör noktalar, başkaları tarafından görülebilen ancak bizim göremediğimiz özellikler olarak tanımlanır. Simine Vazire adında bir psikolog bu teoriyi test etmek için bir deney yaptı.[13] Katılımcılardan kendilerini ve dört arkadaşlarını zeka, duygusal istikrar, atılganlık ve yaratıcılık gibi çeşitli özellikler açısından değerlendirmelerini istedi ve böylece her bir kişinin kişiliğini ve özelliklerini kimin daha iyi tahmin edebileceğini, yani kendilerinin mi yoksa arkadaşlarının mı daha doğru tahmin edebileceğini gördü. Amaç, hangisinin kişiliği daha doğru tahmin ettiğini tespit etmekti.

Sonuçlar, insanların, arkadaşlarına kıyasla, topluluk önünde konuşurken veya grup tartışmalarında konuşurken ne kadar stresli göründükleri gibi kendi duygusal istikrarlarının daha fazla farkında olduklarını ortaya çıkardı. Arkadaşlar, iddialı bir adayın yaratıcılık veya IQ testlerine katılıp katılmadığını veya performanslarını tahmin edip etmediğini daha iyi anladı.

Duygusal bant genişliğinizi anlama yeteneğiniz, başkaları için normalden daha fazla görünürlük gösterir.

Kendinizden çok başkaları tarafından görülebilen özellikler sizin için gizemli kalabilir. Karaoke barda şarkı söylemek hem kendinizi hem de dinleyenleri yeteneğinizin var olduğuna ikna etmeyi gerektirir, ancak bu dinleyiciler şarkı söyleme tarzınızı ve ses aralığınızı en iyi şekilde değerlendirebilirler.

İnsanlar zekalarını abartma eğilimindedirler ve bu model kadınlara göre erkeklerde daha sık görülür. Cömertlik takdire şayan bir özellik olarak görüldüğünden, insanlar gerçekte ne kadar cömert olduklarını abartma eğilimindedirler. İnsanlar aynı zamanda önyargılı ya da yargılayıcı olmadıklarına da inanıyorlar çünkü kendilerine karşı bu tür iddiaları kim kabul edebilir ki?

Kendinize dair bu bulanık görüşü nasıl temizleyebilir ve aynada kendinizi net bir şekilde nasıl görebilirsiniz? Kendinizin bir yönünü kabul etmekte zorlandığınız zaman, en yakınınızdakilerden size bir ayna tutma konusunda destek isteyin. Arkadaşlarınız, ebeveynleriniz veya romantik partnerleriniz sizin gerçekte kim olduğunuz konusunda herkesten daha fazla fikir sahibi olma eğilimindedir; ancak size karşı besledikleri sevgi veya önyargılar nedeniyle izlenimleri de bulanıklaşabilir.

VITALS'ınız kişiliğinizi oluşturur; onları anla. Bunlar şunları içerir:

Değerler (V), İlgi Alanları (I), Mizaç (T), 24 Saat Faaliyetler ve Hedefler (ATC), Yaşam Misyonu ve Hedefleri (LMG), başarılı yaşam için önemlidir.

S - Beceriler/Güçlü Yönler

Başkalarına yardım etmek, dürüst olmak, nazik olmak gibi değerlerinizi tanımak, yaşamda önemli kararlar almanın ve hedefler belirlemenin temelini oluşturur. Değerlerinizi bilmek, zor zamanlarda ilerlemenizi sağlar ve motivasyonunuzu yüksek tutar! Bunları bir günlüğe veya günlüğe yazmanın, kişisel farkındalığa yönelik eylemleri motive ettiği kanıtlanmıştır! Değerlerini bilmek!

* Karar verirken duygulara mı yoksa gerçeklere mi güvenirsiniz? * Enerji depolarınızı nasıl yeniden doldurursunuz - dışa dönük mü yoksa içe dönük mü? * Her şeyi titizlikle mi planlıyorsunuz yoksa akışa mı bırakıyorsunuz? * Sizin için ayrıntılar mı daha önemli, yoksa daha büyük fikirler mi?

Bu tür sorulara verdiğiniz yanıtları anlamak, kendinizi sezgisel olarak büyümeyi teşvik edecek durumlara yerleştirmenize ve büyümeyi sınırlayan durumlardan kaçınmanıza olanak sağlayacaktır. Kişiliğiniz çevredeki çevreyle uyum sağladığında, enerji israf edilmek yerine üretken projeler için kullanılır ve kendinizi eskisinden daha az yorgun hissedersiniz.

Biorhythms veya 24 saat aktiviteler: Burada odak noktası bioritmleriniz veya 24 saat aktiviteleriniz üzerinde olmalıdır; örneğin enerji seviyenizin en yüksek olduğu zamanı ne zaman hissedersiniz: sabah mı yoksa gün ortası mı? Biyolojinizle uyum sağlamak, faaliyetleri en büyük getiriyi sağlayacakları zaman planlamanıza olanak tanır; çoğu zaman bu özellikler doğumdan beri mevcuttur; önemli olan onları tanımak ve buna göre hareket etmektir.

Biyolojik frekansları aktivitelerle birleştirmek ödüllendirici deneyimler getirir, olmadığınız biri gibi davranmadığınızda hayatı çok daha kolaylaştırır!

Hayatımızın misyonlarını ve hedeflerini anladığımızda hayat daha mutlu ve anlamlı hale gelir. Bunu nasıl yapacağınızdan emin değilseniz, hayatınızda özellikle anlamlı olan olayları düşünün ve nedenlerini inceleyin: orada tanıştığınız insanlar mıydı yoksa sadece deneyimlediğiniz duygu mu? Bu alıştırma kişiliğinizin gizli yönlerini açığa çıkarabileceği gibi, kariyer kararlarınızı veya diğer yönlerinizi neyin yönlendirdiğini de ortaya çıkarabilir.

Hayatta nereye gitmek istediğinizi öğrendikten sonra, yaşam hedeflerinize ulaşmak için gerekli araçlara veya güçlü yönlere sahip olup olmadığınızı değerlendirmek daha kolay olur. Bunlar yetenekler, yetenekler veya becerilerin yanı sıra duygusal zeka, dayanıklılık ve sadakat gibi karakter güçlerini de içerebilir.

Kişinin güçlü yanlarını ve yeteneklerini kabul etmesi özgüveni geliştirir; bunların farkında olmamak özgüvenin azalmasına neden olur.

Güçlü yönlerinizi daha iyi anlamak için iltifatlara kulak verin, ancak onları kabul ederken mütevazı olun! Örneğin, birisi size rahatlatıcı sesinizi sevdiğini söylerse, bunu bu yeteneğinizi geliştirmek ve daha sık şarkı söylemek için bir fırsat olarak değerlendirin! Ayrıca, özgüveninize zarar vermemeleri ve düzeltici eylem gerektirmemeleri için zayıf yönlerinize dikkat edin.

Kendinizin daha fazla farkına vardığınızda ve kendinizi (yani kişilik özelliklerinizi, güçlü yönlerinizi, zayıf yönlerinizi ve tetikleyicilerinizi) anladığınızda, bu bilgiyi yalnızca kişisel gelişim için değil, aynı zamanda etrafınızdakiler hakkında daha fazla içgörü kazanmak için kullanabileceğinizi bilerek kendinizi güçlenmiş hissedeceksiniz. Sen. Kendinizi daha iyi tanıyarak, zihinsel huzuru bozmamak için sınırların nerede çizilmesi gerektiğini ve hangi tetikleyicilerden kaçınılması gerektiğini bileceksiniz - bunların hepsi kendinizi bitkin hissetmeden yüzde 100'ünüzü vermek için gerekli becerilerdir!

Bilgi Güçtür; kendini bilmek huzur getirebilir.

Önyargılarınızı, Önyargılarınızı ve Sınırlamalarınızı Anlayın

Muhtemelen, birisinin istihdam edilmek üzere göz ardı edildiği veya ırk, cinsiyet veya milliyet nedeniyle kolluk kuvvetleri tarafından hedef alındığı önyargılarla ilgili hikayeler duymuşsunuzdur. Bu tür insanlara dair doğal algımız, onların belirli gruplara karşı önyargılı oldukları için kötü insanlar olduklarıdır; ancak çoğu, beyin ve psikoloji bilimlerindeki araştırmacıların önyargıların ve ön yargıların hâlâ başkalarıyla etkileşimi etkileyen ve toplumdaki sosyal adaletsizliklere katkıda bulunan bilinçaltı süreçler olduğunu iddia ettiğinin farkında değil.

Bu davranış, yakın sosyal çevrenizin dışındaki insanlarla etkileşimde bulunduğunuzda önyargı (duygusal önyargılar), ayrımcılık (davranışsal önyargılar) ve stereotipler (bilişsel önyargılar) göstererek daha belirgin hale gelir. Bu tür önyargılar bilinçsiz (yani otomatik ve kararsız) olabilir; aynı zamanda toplum tarafından da teşvik edilmiş olabilirler; Yetiştirilmenin çok büyük etkisi var. Bilinçdışı düşünceniz hakkında farkındalık geliştirebilir ve bunun sizi günden güne nasıl etkilediğini tanımlayabilirsiniz.

Önyargı ve Önyargılar Nasıl Oluşur ve Bunlarla İlgili Neler Yapılabilir? Bu soruları düşünürken öncelikle ön yargıların ve ön yargıların nereden geldiğine, ardından bunların etkilerini hafifletmenin yollarına odaklanmak gerekiyor. Zihnimiz bilgiyi kategorize etme ve ayrı bölümlere ayırma eğilimindedir, bu da bu davranışa yol açar. Sosyal Biliş olarak bilinen başkaları hakkındaki bilgileri depolayarak, işleyerek ve uygulayarak sosyal durumlarda dernekler oluşturduğunuzda; Beynimiz bağlantı kurmak için kalıplar ararken örtülü önyargılar ortaya çıkar; bu da bizi doğrudan örtülü önyargılara yönlendirir!

Örtük önyargılar, beynimizin hayatı basitleştirme çabası içinde kısayolları kullanma eğiliminden kaynaklanır. Aşırı bilgi yüklemesi veri işlemeyi hantal ve zaman alıcı hale getirebileceğinden, zihinsel kısayollar her şeyi daha hızlı bir şekilde gözden geçirmemize ve hangi bilginin ilgili olduğunu bulmamıza olanak tanır.

Diğer insanların önyargılarını ve önyargılarını değiştirmek zor olsa da, kişisel tercihlerinizi belirleyerek bunların azaltılmasına ve diğerlerinin önyargılarının başkalarına karşı kararlarını ve eylemlerini nasıl etkilediğini anlamalarına yardımcı olabilirsiniz.

Temelden başlayalım. Her şeyden önce, her insanın kategorize edilemeyecek bireysel nitelikleri, güçlü ve zayıf yanları olan bir birey olduğunu kabul edin. Bu nedenle, insanları samimi bir düzeyde tanımaya zaman ayırın ve insanları stereotiplere veya önyargılara dayalı olarak kategorize etmekten veya stereotipleştirmekten kaçının. Birine karşı tepkiniz birinden kaynaklanıyorsa, bu tür ön yargılardan kurtulmak için derhal davranışınızı değiştirin; bazen yanıtlar hızlı gelse de; Tekrar belirli şekillerde hareket etmeden önce, harekete geçtikten sonra biraz zaman ayırın ve diğer seçenekleri değerlendirin.

Bakış açısının değişmesi aynı zamanda kişinin zihniyetini değiştirmenin de anahtarıdır. Olayları başkalarının bakış açısından görmek, kendinizi onların yerine koyar ve onların nereden geldiklerini, nasıl düşündüklerini ve deneyimlerini anlamanıza yardımcı olur. Bunu yapmak aynı zamanda içinizde empati uyandırabilir; bu duygu ortaya çıktığında doğal olarak onlar hakkında hüküm vermeden önce iki kez düşünürsünüz.

Yeni kültürler, etnik kökenler ve ırklarla etkileşime geçmek bakış açınızı genişletmede de faydalıdır. Bu gruplardan insanlara daha fazla zaman ve ilgi göstererek, anında bir aidiyet duygusu hissedecek ve onlara karşı herhangi bir önyargının gelişmesini önleyeceksiniz.

Yoga ve meditasyonun yanı sıra odaklanmış nefes ya da odaklanmış yoga meditasyonu gibi farkındalık uygulamaları da bireylerin kendinin farkına varmalarını, düşüncelerini ve eylemlerini kontrol altına almalarını sağlar.

Kişisel önyargılar, ön yargılar ve sınırlamalar sorun yaratabilir çünkü insanları belirli bir çerçevenin ötesinde görmenizi engeller ve bu da onların yanlış anlaşılmasına yol açar. Ancak olumlu tarafı, açık fikirli olmak ve bu kısıtlamaların farkında olmak, bunları ortadan kaldırmak veya en azından azaltmak için çalışmanıza olanak tanıyacaktır - bu yalnızca insanları okumanızı geliştirmekle kalmayacak, aynı zamanda zihninizi daha da genişletecek ve kişisel gelişimi teşvik edecektir.

Kendinizi hiç hangi yöne gideceğinizden emin olamadığınız bir çıkmazda buldunuz mu? Kullanabileceğiniz çeşitli seçenekler için kapsamlı artılar ve eksiler listesi hazırladıktan sonra karar verme konusunda ilerleme kaydedemiyor musunuz? Her seçenek farklı engeller teşkil eder ve sizi en iyi nasıl ilerleyeceğinizden emin olamamanıza neden olur.

Bu koşullar altında, kendinizin dürüst bir envanterini çıkarmanız ve gerçek arzularınızı belirlemeniz önemlidir. Ancak bu süreç size doğal gelmiyorsa ve baskı, dürtüsel davranmanıza veya bunun yerine insanları memnun eden davranışlara uymanıza neden oluyorsa, sonuçlar yıkıcı olabilir!

Sezgi, zor zamanlarınızda arkadaşınız olabilir. Bazıları buna sezgi diyor; diğerleri bunu içgüdüsel hisleri, iç sesleri veya önsezileri olarak adlandırır; Adı ne olursa olsun, sezgi, kararın ne zaman kalbinize uygun olduğunu söyleyerek zorlu yaşam yollarında size rehberlik edecektir.

Ancak birçok insan sezgilerini tanımanın zor olduğunu düşünüyor. Bunun nedeni, aşırı düşünmek, onay aramak, olması gerekenler gibi örtülü önyargılar ve geçmişteki travmalar gibi iç engellerimizin çoğu zaman yolumuza çıkması ve bunlardan faydalanmamızı engellemesidir. Bu engellerin üstesinden gelmek, kişisel farkındalığı ve kararlarınızı neyin yönlendirdiğini belirleme kapasitesini gerektirir; Bu başarıldığında, güçlü sezgisel düşünme, birey olarak kendimize fayda sağlayacak kararlara yol açar ve bize iyi hizmet eden kararları seçerken dikkatli oluruz.

Henry Ford gibi tanınmış kişiler, sezgilerine güvenenlerin harika örnekleridir. Böyle bir birey, 1914 yılında Henry Ford'un şirketinde azalan talep ve yüksek ciroyla karşı karşıya kaldığı dönemdi. Geleneksel tavsiyelere uymak ve çalışanların maaşlarını %50 artırmak yerine cesur bir hamle yaptı ve maaşları iki katına çıkardı; bu, personel devir oranlarının azalmasına, daha fazla işçinin kendilerine araba almasına ve sonunda talebin yeniden artmasına yol açtı.

Albert Einstein, sezgileri nedeniyle geleneksel fizik teorilerini göz ardı eden bir diğer önemli bilim adamıydı. İlhamlara ve sezgilere inandığını ve kesin olarak bilmese de haklı olduğundan emin olduğunu itiraf etti. Kraliyet Akademisi tarafından finanse edilen bilim insanları, Einstein'ın görelilik teorisini test eden deneyler yürüttüğünde, Einstein bunların başarılı olacağından emindi; 29 Mayıs 1919'daki bir tutulmanın onun teorisini kanıtlaması hiç de şaşırtıcı değildi!

Paul McCartney "Dün"ü yaratırken büyük ölçüde sezgilerine güveniyordu. Ona göre, son derece popüler olacak bir şey yazmayı hayal ediyordu ancak içeriğinin beklenenden farklı olmasından korkuyordu. Yine de kendine güveniyordu ve sonunda onu başarıya ve "en büyülü deneyim" olarak gördüğü şeye götürecek olan sezgilerine güveniyordu.

Peki sezgi tam olarak nedir? Sezgiyle ilgili hatırlanması gereken önemli bir nokta mantıktan yoksun olmasıdır; bunun yerine karar vermek için duygusal içgüdülere, deneyimlere veya diğer faktörlere dayanır. Ayrıca sezgi üç farklı kategoriye ayrılabilir.

* İçgörü ve tutarlılık: Bu alan zeka (IQ) ile ilgilidir ve bir şeyin kaynağını anlamadan farkına varmayı içerir.

Öznel sezgi, genellikle entelektüel açıdan meraklı ve bulmaca çözen tipler tarafından kullanılan, bir şeyi bildiği yanılsamasına sahip olmayı ifade eder. * Örtük öğrenme, bilişsel kalıpları toplayarak bir şeyi bilmeyi ifade eder.

Sezgi, beyniniz tarafından hem bilinçli hem de bilinçsiz olarak işlenen bilgilerle, geçmiş deneyimlerden gelen kalıpları mevcut durumlardakilerle eşleştirmeye dayanır. Sezgileriniz daha sonra bu düşünceleri ve kalıpları beyninizin bilinçsiz kısmından çeker ve bunları doğrudan mevcut senaryoya uygular; bu, kararların daha hızlı ve kararlı bir şekilde alınmasına yol açar.

Beynin öngörü yetenekleri, farkındalığa ulaşmamış gizli bilgilerin mevcut deneyimlerle eşleştirilmesi veya yanlış eşleştirilmesiyle devreye girer.

Bunu neden sezgi üzerine bir derse dönüştürdük? Çünkü bir kez onun işleyişini ve karar verme üzerindeki etkisini anladığınızda, onu korkunun neden olduğu duygusal tepkilerden ayırt edebilir ve daha etkili yaşam kararları vermek için onun içgörülerinden yararlanabilirsiniz.

Sadece sezgilerinizi tanımlamakla kalmaz, aynı zamanda çeşitli egzersizlerle onu daha da güçlendirebilirsiniz.

Kasıtlı iç gözlem, kişisel farkındalığınızı artırmanıza ve önceliklerinizi kabul etmenize yardımcı olur. Düzenli olarak iç gözlem yapan kişiler duygularını, bu duyguların onları nerede etkilediğini ve duygusal tepkilerinin nerede olduğunu keşfederler. Düzenli olarak iç gözlem yapan insanlar duygularını hissetmekten korkmazlar; bunun yerine "Bunun hakkında ne hissediyorum?" diye sorma alışkanlığını edinirler. Duygularını tanımlamak ve onlara güvenmek için.

Sezgileri yüksek bireylerin, varsayılan bir görünümün arkasına saklanmadan, kendilerine karşı açık ve dürüst olmaları, "olması gerekenler" tuzağına düşmek yerine kendi ihtiyaçları ve istekleri üzerine düşünmeleri ile tanınırlar. Bakış açılarını kendi içlerindeki dengeyi korumaya yardımcı olan ve sezgilerini kontrol altında tutan değerler yönlendirir.

Enerjilerini yeniden şarj ederek, yeniden şarj olmak ve içlerine yansıtmak için zaman zaman yalnızlık ararlar. Yalnızlık, parklarda ve ormanlarda keyifli yürüyüşler yapmak, ateş başında kahve yudumlamak ya da deniz kenarında oturup gün batımını izlemek şeklinde olabilir; kendilerine nefes alma alanı verirken iç seslerini duymalarına da olanak tanıyan herhangi bir aktivite.

Empati, sezgisel insanlar arasında yaygın olarak bulunan bir başka özelliktir. Kendilerini diğer insanların yerine koyma ve bir başkasının bir olayı nasıl deneyimleyeceğini anlama yetenekleri, onları diğer birçok kişinin başvuracağı kişi haline getirir. Sezgileri, başkalarının ne kadar yakın hissettiğini anlama konusunda onları meraklandırıyor; meraktan değil, bireyler arasında güçlü bağlar kurmak istemekten; Sezgisel bir empati birisini ne kadar çok tanırsa, o kişinin ruh halini tahmin etmesi, ihtiyaçlarını ve duygularını anlaması o kadar kolay olur. Duyuları, beden dili ve sosyal etkileşimler gibi ipuçlarını toplayarak, bireylerin etraflarındakilerden neye ihtiyaç duyduğunu vücut dili veya sosyal etkileşimler açısından daha doğru anlamalarına yardımcı olur; böylece diğer kişilerin onlardan ne istediğini anlayabilir ve anlayabilirler. Sezgisel empatilerin diğer kişilerin de kendilerinden ne istediğini anlamalarına yardımcı olan beden dili veya sosyal etkileşimler açısından insanların diğerlerinden neye ihtiyaç duyduğu.

Sezgi, zararlı durumlardan kaçmanıza yardımcı olabilecek ve sizi daha büyük doyum getirecek durumlara doğru yönlendirebilecek güçlü bir kaynak olabilir. Sezgi, anlık tepkileri ve zihinsel kapasite açma yetenekleriyle hızlı ve bilinçli kararlar almamıza yardımcı olur. Bu kaynaktan daha fazla yararlanabilmeniz için sezginin en kolay şekilde ortaya çıktığı durumları tanıyın. Gücünü en üst düzeye çıkarmak için bu tür anları yeniden yaratın.

Günümüz toplumunda yaşamak eylemlerimizi, düşüncelerimizi ve kişiliğimizi birçok yönden şekillendiriyor; Bu hayatta ilerlerken kendine sadık kalmak zor olabilir; yine de özgün olmak, tüm potansiyelinizi ortaya çıkarmanıza ve tüm potansiyelinizi gerçekleştirmenize yardımcı olur.

Birisi size nasıl olduğunuzu sorduğunda nasıl cevap vermelisiniz? Pek umursamadıklarını ve "iyiyim" gibi samimiyetsiz bir cevap verdiklerini mi düşünüyorsunuz? Yoksa gerçekte nasıl hissettiğinizi dürüstçe yanıtlamayı mı düşünmelisiniz? Çoğu kişi ikinci yaklaşımı tercih eder çünkü kişinin gerçek durumunu açığa vurması, çoğu kişinin kaçınmayı tercih edeceği, kendisi hakkında daha fazla konuşmaya yol açacaktır.

İdealist olarak insanlar kendilerini özgürce ifade etmekten korkmazlar ve başkalarından uzaklaşmak yerine maske takarlar. Ancak ne yazık ki, maskelerimizi çok uzun süre takmaya devam ettiğimizde çıkarmamız zorlaşıyor, olmadığımız biri olmamıza neden oluyor ve yalnız kaldığımızda bile başkalarının bizi nasıl gördüğünü ve başkalarının bizim hakkımızda ne düşünebileceğini düşünmeye başlıyoruz.

Danimarkalı psikolog Svend Brinkman, insanların sıklıkla kendilerinin ve başkalarının her zaman mutlu ve pozitif görünmesini beklediklerini belirtti; ancak bunun olumsuz yan etkileri olabilir. Olumlu olmak kendi başına olumlu olabilirken, her zaman mutlu görünmek, olumlu görünerek başkalarını memnun etmek için gerçek duygularınızı gizlemeyi içerebilir[14].

Hiç kimse her zaman mutlu ve iyimser kalamaz. Öyle olmadığı halde her şey yolundaymış gibi davranarak iddialı olmayı bırakır ve gerçekte olduğunuz kişiden uzaklaşmaya başlarsınız. Olumsuz duyguları kabul etmek, buna neyin sebep olduğu ve tezahürüne katkıda bulunmuş olabilecek olaylar üzerinde düşünmeye teşvik eder; Bir kez bulunduğunda, sorunu çözmeye yönelik çaba gösterilmelidir; Sorunları gizli tutmak, zamanla sorunların ciddiyetini artıracak ve yönetilemez hale gelecektir.

Gerçek benliğiniz olma yoluna nasıl başlayabilirsiniz?

Savunmasız Olmayı Öğrenin

Kendinize karşı dürüst olmak, ihtiyacınız olanı isteyebilmek ve bunu sözlü olarak ifade edebilmek anlamına gelir. Duyguları konuşma yoluyla ifade etmek, birine "iyi olmamanın sorun olmadığını" söylemek gibi ihtiyaçlarımızı ve arzularımızı ifade etmemize olanak tanır. Kendinizin bir yönünü göz ardı etmek, başka bir yönünüzü bastırmak anlamına gelebilir; Gerçek benliğiniz olmak, tüm parçalarınızı kabul etmek anlamına gelir - hem muhtaç hem de kendi kendine yeten parçalarınızı!

Kırılganlık, başkalarına sizin kusurlarınızı veya zayıf yönlerinizi vurgulama konusunda daha az güç verir; farkına vardığınızda başkaları bunları size karşı kullanamaz.

Etrafta kimse yokken nasıl davrandığınızı gözlemlemek için biraz zaman ayırın; hangi eylemler başkalarını veya kendinizi memnun eder? Özgün, en iyi benliğiniz olmak, başarılı olmanıza veya yüksek statüye sahip olmanıza bağlı değildir; daha ziyade, kimse yokken nasıl davrandığınız yoluyla karakter geliştirmeyi gerektirir.

Dilediğiniz hayata ulaşmak için, kim olmak istediğinize sadık olmanız zorunludur. Birçoğu hayatta "yapıncaya kadar numara yap" yaklaşımını benimser, ancak tutku ve özgün bir şekilde yaşama isteği eksikse bu zorlayıcı olabilir. Güçlü bir karakter, istediğimiz hedeflere daha kolay ulaşmamızı sağlayan dayanıklılığı geliştirmemize yardımcı olur.

Karakter, başınıza gelenlerin kurbanı olmak yerine, herhangi bir durumda nasıl tepki verdiğinizle tanımlanır. Engellerle karşılaştığınızda doğru olanı yapmak bu konseptin bir parçası; diğer bir yönü de, karşınıza çıkan her şeye dayanabileceğinizi başkalarına kanıtlamak için bunların üstesinden gelmek için çaba göstermeyi içerir. Hayatınızın sorumluluğunu üstlenmek, yaptığınız seçimler ve eylemler konusunda pişmanlık duymamak, zor zamanlarda bile iyimser kalmak ve kendiniz için hayal ettiğiniz hayatı yaratmak için en iyi benliğiniz olmak anlamına gelir.

Peki gerçekten arzuladığınız şeyin ne olduğunu nasıl belirlersiniz? Ne yazık ki başarı, statü ya da zenginlik her zaman mutluluk ya da tatmin getirmiyor; materyalist hedeflere olan arzumuz, yeterli olduğumuza inanmamamızdan kaynaklanıyor.

İnsanların kendilerini "yeterli" hissetme ihtiyacı, birçoğunu pahalı şeyler satın almaya ve lüks restoranlarda yemek yemeye motive eden şeydir. Egonuz, yalnızca başkalarına öz değerinizi kanıtlamak için size olmadığınız biri olmanızı söylemeye başlar; ancak bu, öz değere ilişkin gerçek bir anlayışı yansıtmaz.

Ego, amansız değer ve öz sevgi arayışıyla özgün benliğimizi bastırabilir; bu nedenle, bu boşluğu doldurmanın bir yolu olarak onu zenginlik veya statü arayarak besleriz.

Tüm materyalist gösterişler olmadan yeterli olduğunuzu kabul etmek, gerçekte kim olduğunuzu anlamanın ve kendiniz için hayal ettiğiniz hayatı yaratmanın anahtarıdır. Buna kendi içinizde derinlemesine inanarak, gerçekte kim olduğunuzla bağlantı kurabilir ve kendiniz için tatmin edici bir varoluşu şekillendirebilirsiniz.

Gerçekte kim olduğunuzu kabul ederek ve kabul ederek, evrenin önünüze çizdiği yola çıkmaya, yolunuza çıkan her türlü zorluğun üstesinden gelmeye, mutlu ve halinden memnun bir insan olarak ortaya çıkmaya hazır olduğunuzun sinyalini gönderirsiniz.

Çok mu Zor Okuyoruz (Yargılıyoruz)? Birkaç gün önce, akşam antrenmanım için spor salonuma girmek için sırada beklerken, iki kadının "şişman Judie" olarak tanıdıkları başka bir spor salonu üyesi hakkında konuştuklarına kulak misafiri oldum. Biri şunun gibi bir şey söyledi: "Acaba bu gece burada mı?".

"Evet, işte burada. Tanrım, tam bir bezelye beyinli."

Sıra kendilerine geldiğinde, her iki kadın da eğlence olsun diye Judie'ye gülerek spor salonuna girdiler. Bunlar, eğlence kaynağı meseleleri kendilerinden farklı şekilde ele alan birini eleştirmek olan yetişkin kadınlardı.

Bu gibi olaylar bize yargılamanın hoş olmayan bir duygu olduğunu hatırlatmaya yarar. Ne yazık ki yargı çoğu zaman sizi başkalarını tanımladığından daha fazla tanımlar; sizinki genellikle kendi içinizdeki zayıflıklardan kaynaklanıyor.

Bu durumlardan herhangi biri size tanıdık geliyor mu? "Fotoğrafları bir ilkokul öğrencisi tarafından çekilmiş gibi görünmesine rağmen neden bu kızın Instagram hesabında benimkinden daha fazla takipçi var?" Bunun anlamı, hesabınızın daha fazla takipçiye sahip olmasını istediğiniz ve bu konuda kendinizi güvensiz hissettiğinizdir.

"Bu adam her zaman mutlu ve hoş görünüyor; sahte olmalı!" Onun insanlarla bağlantı kurma yeteneğini kıskandığınızı ve hayatınızın da onun kadar tatmin edici olmasını dilediğinizi gösterir; ancak kişisel olarak kendinizi geliştirmeye çalışmak yerine başkalarını yargılar ve etiketlersiniz.

"Pahalı arabası ve evi nedeniyle kendisinin çok önemli olduğunu düşünüyor; ne kadar yüzeysel!" Dudakların öyle söylüyor ama kalbin aksini biliyor; ancak dudaklarınızın ifade ettiği şey, aslında tüm bu lükslerin, sürekli olarak parasız hissetmek yerine, farklı bir yaşam tarzı yaşamayı dilemenize neden olduğu anlamına gelebilir.

Etrafınıza bakın ve kendine güvenen ama başkalarını sert bir şekilde yargılayan kişileri tespit etmeye çalışın. Muhtemelen böyle biri olmayacak çünkü yargılarınız toplumdan saklamaya çalıştığınız zayıf yönlerinizi, güvensizliklerinizi ve zayıf noktalarınızı ortaya çıkarıyor.

Başkalarını bu kadar kolay yargılamamızın bir nedeni de aynısını kendimize yapmamızdır; tüm yollar "bize" çıkar.

Kendinizi kitap okurken ve başkalarını çok sert bir şekilde yargılarken bulursanız ne yapabilirsiniz? Tamamen durmak idealistlik gibi görünse de bu kesinlikle mümkün değildir. Ancak vicdansız bir yargılama canavarına dönüşmeden önce kendinizi yakalamanın etkili bir yolu var: Birini okurken veya yargılarken not alın ve öyle olmadan önce durun!

Meraklı kal. Yargılama, rasyonel düşünceyi engeller ve insanları veya durumları anlamanızı engeller; çoğu zaman bu kanaatler sınırlı bilgilerden kaynaklanır.

Merak, kişiyi durumun daha fazlası olabileceği ihtimaline açık tutar; perde arkasında gözlemlemediğiniz bir şey.

Birisi tuhaf ya da tercihlerinize aykırı davrandığında kendinize şu basit soruyu sorun: "Bu kişiyle ilgili göremediğim bir şey mi oluyor?" Bu yaklaşım bariz görünebilir ancak size çoğu zaman göründüğünden daha fazlasının olup bittiğini hatırlatmaya hizmet edecektir.

İnsanları yargılamak kolay olabilir ve hatta tatmin edici bile olabilir; ancak meraklı kalabilmek duygusal zekayı, olgunluğu ve öz kontrolü gerektirir.

Birisi hakkında anında hüküm vermeden önce, kaba sözler söylemeden veya mesaj atmadan önce durun ve düşünün. Kelimeler geri alınmaz, bir kez söylendiğinde ömür boyu sürecek etkileyici bir izlenim bırakırlar! Kendinizi onların yerine koyun ki, niyetlerini anlayın; Olumsuz düşünce kalıplarını yapıcı olanlara dönüştürün, böylece olumsuzlukla içeriden mücadele edebilirsiniz - ardından onun kaynağını ortadan kaldırın!

Kişisel büyüme ve gelişimin ayrılmaz bir bileşeni, bu yolculuğun bir parçası olarak kendi kusurlarımızın farkına varmak, daha olumlu ve olgun bireyler olmak için kalıpları değiştirmek, başkalarını yargılamadan veya eleştirmeden kabul etmektir.

Bölüm 15: Motivasyonunuzu Belirleyin

İkinci Bölüm'de tartışıldığı gibi, başkalarını neyin motive ettiğini anlamak önemlidir; ancak mutluluğunuz ve refahınız için aynı derecede önemli olan, SİZİ hayatta neyin harekete geçirdiğini belirlemek ve anlamaktır. Kendiniz için ilham verici ve motive kalarak, kendi içinizdeki mutluluğu besleyebilecek ve etrafınızdakilere yayılabilecek enerji ve dürtüyü bulacaksınız; tıpkı boş bir kuyuyu doldurmanın rahatlama sağlayamayacağı gibi!

İç motivasyon, finansal bağımsızlık, sağlık yararları, istikrar veya kendini gerçekleştirme dahil olmak üzere birçok kaynaktan gelebilir. Her bireyin motivasyonu benzersizdir; bu nedenle neden bazıları görev veya beceri odaklı işlerde daha başarılı olurken diğerleri hizmet işlerinde kalıyor - bu faktörler kişinin hangi yolu seçeceğini belirler.

1. İçsel Motivasyon: Suç belgeselleri izlemek ve polisiye romanlar okumak ona ilham verdiği için polisiye gazeteciliği okumak gibi, kendi iyiliğiniz için yapmaktan keyif aldığınız aktiviteler.

2. Tanımlanmış Motivasyonlar: Sizi hedeflerinize ulaşmaya yaklaştıran, gerçekleştirdiğiniz faaliyetler; örneğin, amacınız kolluk kuvveti olarak çalışmaksa suç gazeteciliği okumak.

İçsel ve tanımlanmış motivasyonun çocukların mutluluğu ve refahı üzerindeki etkilerini araştırmak için yapılan araştırmalar, daha fazla öğrenmeye içsel olarak motive olan çocukların, notları ne olursa olsun psikolojik olarak daha iyi durumda olduklarını gösterdi.[15]

Hangi motivasyonun hangi eylemleri yönlendirdiğini anladıktan sonraki adım, SİZİ neyin harekete geçirdiğini belirlemek olmalıdır. Öz değerlendirme yapmak ve nasıl ve neden şu an olduğunuz kişi olduğunuz konusunda dürüst olmak SİZİ neyin harekete geçirdiğini belirlemenize yardımcı olabilir ve ardından hayatta olmak istediğiniz yere ulaşmak için bir eylem planı hazırlayabilirsiniz.

Uzmanlar, motivasyonu belirlemeye çalışırken kendinizi en canlı hissettiğiniz ve bir şeyi tamamlama konusunda istekli olduğunuz anları hatırlamanın faydalı olacağını söylüyor. Özellikle yüksek katılım oranına sahip olan görevler üzerinde düşünmek tutkularınızın nerede olduğunu ortaya çıkarabilir.

Bu örnekleri hatırlayın ve sizi başarı veya heyecan duygusuna neyin sürüklediğini düşünün, ardından olayların neden bu şekilde olduğunu anlayarak bunların nedenlerini araştırın. Bu soruyu yanıtlamak motive edici unsurların belirlenmesine yardımcı olabilir. İşte bunları belirlemek için kendinize sorabileceğiniz bazı sorular:

* İki ila üç yıl sonra kendinizin kim olmasını hayal ediyorsunuz?

Bu kişi nasıl davranacaktı? Eğer para ve kaynaklar sizin için sorun olmasaydı, cömert ruhunuzla kime yardım ederdiniz? Sizi neyin ilgilendirdiği veya motive ettiği konusunda etkili bir açıklamayı nerede yapmak istersiniz? * Hangi hobiler ve uğraşlar sizi mutlu ediyor?

* Kendinizin en iyi versiyonu olmak ve kendiniz için hayal ettiğiniz hayatı yaratmak için hangi nitelikleri geliştirmelisiniz?

İlhamlarınızı ortaya çıkarmak ve değerlerinizi ve inançlarınızı yansıtan bir yaşam sürmek için aşağıdaki soruları yanıtlayın.

Motive olmanın önemli adımlarından biri korkuyla yüzleşmektir. Korku bizi ilerlemekten alıkoyar; hareketi engeller, her fırsatta kendimizden şüphe etmemize neden olur ve bizi gereksiz bir ihtiyat yoluna sürükler. Ne yazık ki bazen korkularımız risklerin doğru değerlendirilmesinden ziyade hayal gücümüzden kaynaklanıyor; Görevinizi daha da ileriye taşımak için heyecan, korkunun önüne geçse bile, yine de güvenliğimizi sağlamak için dış etkenlerden korunmak ve geri çekilmek isteyen içimizde bir kısım olacaktır.

Bu durumdan kurtulmak için korkularınızla doğrudan yüzleşmek ve onları yenmek gerekir. İlk adım yüksek sesle konuşarak onları tanımak olmalı; onları yüksek sesle kabul ettiğinizde üzerinizdeki güçleri yavaş yavaş azalabilir. Kendinize şu soruları sorun:

* Korktuğunuz şeyin gerçekleşme ihtimali nedir?

Peki bunun olabileceğinden neden endişeleniyorsunuz?

Onlarla doğrudan yüzleşerek hangi korkuların gerçek, hangilerinin hayal olduğunu keşfedebilirsiniz. Korkularınız aynı zamanda hedefinize ulaşmadan önce doldurulması gereken boşlukların nerede olabileceğini ve risk yönetimi stratejilerinin uygulamaya konması gerektiğini de gösterecektir. Bu korkularla doğrudan ilgilenildiğinde, ilerlemeyi daha hızlı yönlendiren ve durduran şeyin ne olduğunu değerlendirmek çok daha kolay hale gelir; bu, istediğiniz hedeflere daha hızlı ulaşmanızı sağlayacak bilgidir.

Konuşma, insanlar arasında bağlantı kurmanın, düşünce alışverişinde bulunmanın ve karşılıklı anlayışı geliştirmenin etkili ve zahmetsiz bir yoludur. Bu etkileşimler keyifli olmalı ve bireylerin kişilikleri ve tercihleri hakkında fikir vermeli; bunlar aracılığıyla empati geliştiririz, anlaşıldığımızı hissederiz ve birbirimizi dinleriz; unutulmaz deneyimler yaratırız ve yaşamlarımız boyunca kalıcı bir büyüme sağlarız.

Bununla birlikte, "konuşmanın" bu faydalarından yararlanmak için, insanların sizinle sohbet etmeyi arzuladığı bir noktaya ulaşmalısınız; bu, zahmetsizce dikkati toplamak, odaya hakim olmak ve sosyal veya profesyonel durumlarda parlamak anlamına gelir.

Bu yetenekler doğuştan mı geliyor yoksa belirli eğitim ve uygulamalarla geliştirilebilir mi?

İşte içeriden bilgi; kendinizi ilginç, kültürlü ve bilgili bir birey olarak konumlandırarak bu yetenekleri geliştirebilirsiniz.

Her insan ilginç olmayı arzular; bu tartışılmaz bir gerçektir. Ön planda olmaktan rahatsız olan biri bile yine de ilginç görünmek ve sıkıcı olarak etiketlenmekten kaçınmak isteyecektir! İlginç olmak etki ve fırsatlara yol açar; İlginç bir kişiyi neyin harekete geçirdiğini anlayarak siz de onlardan biri olabilir ve etki çevrenizde etkili olabilirsiniz.

Nasıl yaparsın?

Kapsayıcı olmakla başlayın. Başkalarını küçümseyerek "havalı" olmaya çalışmayın; bu yalnızca güvenilirliğinizi daha da zayıflatmaya hizmet eder. İnsanları küçümsemek yerine destekleyin: bu daha iyi bir izlenim bırakır!

Bir partide veya barda konuşacak birini ararken elinde içkisini tutan birini görürseniz, onu görmezden gelmeyin; Görüldüğünü ve dahil edildiğini hissettirmek için sohbet başlatmaya çalışın. Belki geçmiş sohbetlerinizden birinde onlar hakkında öğrendiğiniz bir şeyden bahsedebilirsiniz; bu onlara o kişiyle konuşurken de dinlediğinizi gösterecektir. Kendinizi iyi bir dinleyici olarak tanıtın ki sizi ilgi çekici olarak algılasınlar.

İlgi odağı olmak güzel olduğu kadar mütevazı olmak da çok önemli. Araştırmalar, insanların alçakgönüllü davranan kişilerin yanında vakit geçirmekten hoşlandığını gösteriyor. Bu terim bağlama bağlı olarak önemli ölçüde değişebileceğinden, tanımımız olarak şunu kullanalım: Başkalarının görüşlerine ve bakış açılarına saygı duymak, alçakgönüllü olmak anlamına gelir; bu, birine onun önemli olduğunu gösterecektir!

Alçakgönüllülüğü, kendine saygı eksikliği veya iddialılık ile karıştırmamaya dikkat edin; alçakgönüllü olmak, başkasını özel hissettirecek, kendini küçümseyen davranışlar gerektirmez. Yeteneklerinizi ve yapabileceklerini veya yapamadıklarını kabul ederek alçakgönüllü olun; "Cevabı henüz bilmiyorum ama araştırıp size döneceğim" demek ya da "Bu konuya yabancıyım, bana daha fazlasını anlatabilir misiniz?" demek kadar basit bir şey bile olabilir. alçakgönüllülük gösterebilir.

Açık, yeni başlayan bir zihne sahip olduğunuzu göstererek gözünüzü korkutmaktan kaçının! Konuşmaları ilerletmek için bir başka etkili strateji de gerçek cömertliktir, çünkü bu başkalarında psikolojik bir karşılıklılık tepkisine neden olur. Hediye veya yiyecek satın almak gibi materyalist jestlerden bahsetmiyoruz; sadece açık konuşmalar yapın, özgürce iltifat edin veya formalite gereği sormadan birisine nasıl hissettiğini sorun!

Zamanınızı ve dikkatinizi cömertçe ayırırsanız, başkalarının sizinle daha fazla ilgilenmeye başladığını keşfedeceksiniz. Sadece onların varlığından maddi fayda elde etmek için orada olmadığınızı bilmekten memnun olacaklardır.

"Evet" diyerek cömert olun. Başkalarını ilgilendiren bir alanla ilgili özel uzmanlığınız veya içgörünüz varsa, karşılığında ne geleceğini düşünmeden bunları özgürce kullanın.

İlginç ve yardımsever olmak, başkalarının beğenisini kazanmanızı ve yaşam boyu ilişkiler kurmanızı sağlayacaktır. Burada bahsedilen konuşma pratiklerini takip ederek sohbetin ilgi konusu haline gelmeniz kolaylaşacaktır.

Konuşmayı Rahatsız Eden Uzun Duraklamalar ve Garip Bakışlarla Karşılaştınız mı?

Herkes bir noktada konuşmalar sırasında bizi rahatsız eden uzun duraklamalar ve tuhaf bakışlarla karşılaşacaktır; işte o zaman diyaloğu sürdürmenin önemini anlarız; aynı zamanda insanları tartışmalarına dahil etmek olarak da bilinir.

İşte bunu nasıl yapabilirsiniz: Ortak bir ilgi alanı bulun. İnsanlar ilgi alanları ve önceliklere göre büyük farklılıklar gösterir; ortak bir nokta bulmak aranızda köprüler kurmanıza yardımcı olur. İki kişi arasında benzer bir şey bulduğunuzda, bu konuda ilginç bulduğunuz her şeyi not edin (konuşmayı başlatıcı olarak). Bu listenin üzerinden birkaç kez geçin, böylece o alanda konuşma noktaları ortaya çıktığında kolayca hafızanıza kazınır ve gerektiğinde tekrar ona başvurun! Ek olarak, ikinizi de ilgilendiren konular hakkında sohbet başlatıcıları yazın, böylece tartışmanın hiçbir zaman sonu gelmesin!

İlgi çekici konular arasında, piyasaya çıkan son cihaz olan futbol, bir film izlemek veya keyifli bulduğunuz bir kitabı okumak veya Donald Trump'ın sizi yüksek sesle güldüren yorumlarını duymak yer alıyor.

Kendinizi kelimelere bulamayacak durumda bulduğunuzda açık uçlu sorular sormaktan çekinmeyin; açık uçlu bir soruşturma "evet/hayır" yanıtından daha fazlasını gerektirir ve ilgili taraflar arasındaki sohbeti kesinlikle ateşleyecektir.

Örnek konular şunları içerebilir: Bir Konser: Düşüncelerim

En Çok Hangi Film Sahnesinden Keyif Aldınız ve Tek Başınıza mı Grupla mı Dışarı Çıktınız?

Bu sorular insanları kendileri hakkında daha fazla açılmaya teşvik eder. Konuşmalar arasındaki garip sessizlikleri ortadan kaldıran bu tür sorular, siz ve başka bir kişi arasındaki diyaloğun daha zahmetsizce akmasını sağlar.

Bu tür sorular sorarak, birinin görüşlerine ve duygularına önem verdiğinizi göstermiş olursunuz; bu, kendinizle o kişi arasındaki diyaloğu sürdürerek ilişkiler kurar. Bunu sürdürmek için gösterdiğiniz bu çabayı takdir edeceklerdir!

Duygusal Bağlar Kurun

Konuşmalar sadece kelimeler olarak görülmemelidir; insanlar arasında duygusal bağların kurulmasına hizmet ederler. Anlamlı bir bilgi paylaşmadan da diyalogun tamamını yürütebilirsiniz, ancak bunu yapmak anlamlı bağlar kurmanıza yardımcı olur ve bir başkasının kişiliğine dair içeriden bir fikir verir.

Yumurtlamak! Başka hiçbir şey işe yaramıyorsa, konuşmaktan çekinmeyin! Konuşmak çoğu zaman zorlayıcı olabilir çünkü sözlerimizin başkaları için sıkıcı olabileceğinden korkarız; bu nedenle, yargılanma korkularımız söz veya eyleme dönüşene kadar düşüncelerimiz ve sözlerimiz gizli kalır. Ancak çoğu zaman bu korku hayal gücünden başka bir şeyden kaynaklanmaz!

Bir dahaki sefere kendinizi böyle bir karşılaşmanın içinde bulduğunuzda, fikrinizi özgürce söyleyin (ırkçı veya cinsel açıdan saldırgan materyal içermediği sürece). İnsanların sandığınız kadar dar görüşlü olmadığını öğrendiğinizde şaşırabilirsiniz!

Bir sohbeti sürdürme çabalarınız ancak her iki tarafın da buna yatırım yapması ve tamamen katılmaya istekli olması durumunda başarılı olacaktır. İlgisizlik belirtileri gösterirlerse veya katkıda bulunmayı reddederlerse, bunu bunun derhal sona ermesi gerektiğinin bir göstergesi olarak kabul edin.

İlgi Alanlarınız veya Hedefleriniz Ne Olursa Olsun Kişinin ilgi alanları, kişisel hedefleri veya mesleği ne olursa olsun, kişisel ilişkilerin kişisel ve profesyonel başarının anahtarı olduğu inkar edilemez. Yine de, bazı kişilerin tanıştıkları herkesle kolayca bağlantı kurabildiğini, diğerlerinin ise bırakın onlarla anlamlı ilişkiler geliştirmeyi, sağlıklı sohbetler yapmakta bile zorluk çektiğini fark etmiş olabilirsiniz.

Mahalleyi güvenli hale getirmek için bir dilekçe imzalayarak bir bardaki güzel kızlara, yıllık bir etkinlikte bölüm başkanına veya kapı komşunuza nasıl yaklaşabileceğinizi ve onların dikkatini nasıl çekebileceğinizi burada bulabilirsiniz.

Peki bu beceriyi nasıl geliştirebilirsiniz?

Her şeyden önce, insanların gerçek insanlara daha iyi tepki verdiğini unutmayın. Bağlantı kurmak ve sürdürmek, gerçek niyetlerle başlar; yüzeysel etkileşimlere yönelik herhangi bir girişim ancak bu kadar uzun sürecektir. İnsanlarla sadece promosyonlar veya ücretsiz biletler için konuşmak işe yaramayacaktır; eğer insanları gerçekten önemsiyorsanız, zamanla gerçek arkadaş olabilirler.

İkincisi, bağlantı kurmaya çalıştığınız birine zaman ve ilgi göstermeye istekli olduğunuzu gösterin. Bazen sınırlı kaynaklar nedeniyle insanlara hediyeler veya materyalist sevgi gösterileri sunamayabiliriz; Birine tercihlerini ve beğenilerini öğrenmesi için gerçek zaman vermek, onların önemli olduğunu göstermede aynı derecede etkili bir jesttir.

Bağımsız araştırma yoluyla onlar hakkında daha fazla bilgi edinmekte zorluk yaşıyorsanız, tanıdıkları kişilerle bağlantı kurmak çok yardımcı olabilir. İnsanlar alışkanlıklarımızı ve hobilerimizi taklit etme eğilimindedir; bu nedenle, sevdikleri insanları daha yakından tanıyarak onlar hakkında da fikir sahibi olabilirsiniz.

Bağlantı kurmak profesyonel ortamlarda da çok değerli olabilir; pek çok açık iş pozisyonu yönlendirmeler ve ağ oluşturma yoluyla doldurulmaktadır; böylece ilişkiler kurarak kendinizi sonsuz fırsatlara açarsınız.

Birisi sizi bir iş için önerdiğinde, onun tavsiyesi güvenilirliğinizi doğrulayabilir ve o işi güvence altına almanızı kolaylaştırabilir. Birlikte sınırlı zaman geçiriyorsunuz diye meslektaşlarınızla ilişkiler kurmayı hafife almayın; Sosyal çevrenizde daha fazla insan, hayatta daha fazla fırsat anlamına gelir!

Bir bağlantı kurduğunuzda, bir sonraki adım onu geliştirmek ve güçlü tutmak olmalıdır. Ne yazık ki, birisi gözden kaybolduğunda çoğu zaman insanların anılarından düşer; Unutulmaz kalmanızı sağlamanın en kolay yolu, Noel kartları, kısa mesaj yoluyla doğum günü mesajları veya en sevdikleri kitabı kişisel bir notla göndermek gibi küçük hareketlerdir - insanların önemli olduklarını gösteren bu hatırlatıcılardan ne kadar memnun kalacaklarına şaşıracaksınız! Hepimiz hatırlanmayı arzuluyoruz; İlişkinizin ona değer verdiğini göstererek birine onun önemli olduğunu gösterin! Sadece ömür boyu bağlantılar yaratabilirsiniz!

İnsanları kazanmak için gereken tek şey, onları anladığınızı ve onlara değer verdiğinizi göstermektir; o zaman onların sadakatini kazanacaksın.

Dijital çağ bizim için görevleri otomatikleştirmeyi ve iş yükümüzü yönetmek için makineler kullanmayı her zamankinden daha kolay hale getirdi; ancak ne kadar çok teknolojiye güvenirsek, bir görevi tamamlamanın veya işimizi tamamlamak için zorlukların üstesinden gelmenin getirdiği duyguları deneyimlemekten o kadar uzaklaşırız. hissedilir.

Burada duygusal zeka devreye giriyor; hem kendi duygularınızı hem de etrafınızdakileri tanıma yeteneğinizi ifade eder; bu duyguların başkalarını nasıl etkilediği ve onların düşüncelerini ve davranışlarını nasıl etkilediği de buna dahildir. Duygusal açıdan zeki insanlar, insan duygularını daha derinden anlayarak diğer insanlarla daha kolay bağlantı kurarken, karşılaştıkları kişilere karşı daha şefkatli ve anlayışlı davranırlar; bu kalite onların mesleki ve kişisel başarılarına büyük katkı sağlar.

Her ikisi de farklı zeka türlerini temsil ettiğinden, insanlar genellikle duygusal zeka ile zeka bölümü (IQ) arasında kafa karışıklığı yaşarlar. Temel ayrım, her birinin nasıl ölçüldüğü ve temsil edildiğidir.

IQ, zihinsel zekayı standart testlerle ölçer ve doğrudan zihinsel yeteneklere bağlıdır; örneğin bilgiyi kavrayabilmek ve problem çözmede uygulayabilmek. Daha yüksek IQ'ya sahip insanlar, hızlı zihinsel bağlantılar kurma ve soyut fikirleri hızlı bir şekilde karşılama konusunda ustadır. Duygusal zeka, kişinin durumları anlamlandırmak için duyguları nasıl kullandığını ifade eder; Bu ölçeğin üst ucunda yer alanlar, zor dönemlerden geçenlerle etkili bir şekilde başa çıkarken duygularını iyi yönetebilen, duygusal açıdan istikrarlı bireyler olma eğilimindedir.

Bu iki zeka türü arasındaki diğer bir fark, IQ'nun doğuştan miras aldığınız bir şey olması, duygusal zekanın ise yetiştirilme ve çevre sırasındaki deneyimlerden gelişmesidir. Güçlü insan becerileri geliştirerek bir yetişkin olarak duygusal açıdan zeki olmaya çalışabilirsiniz.

Bunu nasıl başarabileceğiniz aşağıda açıklanmıştır:

* Tepkilerinize dikkat edin. Bir durumu tüm yönleriyle tam olarak anlamadan hemen yargılamayın; bunun yerine olayları başkalarının bakış açısından görmeyi deneyin ve stereotiplere veya önyargılara boyun eğmeden açık fikirli olun. Başkalarının bakış açılarını ve görüş(ler)ini kabul ederek onların güvenini kazanırsınız.

*Kendinizi değerlendirin. Zayıf yönlerinizin farkında mısınız? Daha iyi bir insan olabilmek için bazı alanlarınızda çalışmanın gerekli olduğunu kabul edebilir misiniz? Kendinize dürüst ve düşünceli bir şekilde bakın ve büyümeyi engelleyen parçaları değiştirecek kadar cesur olun; bu hayatınızı değiştirebilir! * Kendinize dürüst ve düşünceli bir göz atın! Dürüst olmak hayatınızı değiştirebilir!

* Stresli durumlarda nasıl tepki verdiğinizi değerlendirin. İşler beklendiği gibi gitmediğinde, örneğin işler yolunda gitmediğinde, hayal kırıklıklarıyla nasıl başa çıkıyorsunuz? Bunun yerine başkalarını suçluyor musunuz veya suçluyor musunuz? Hayal kırıklıklarını sakin bir şekilde yönetebilmek, hem profesyonel hem de kişisel ortamlarda

son derece değerlidir; duygusal patlamaların aceleci kararlara veya daha sonra pişman olabileceğiniz eylemlere yol açmasını önler.

* Başarılarınızın onaylanmasını beklemeyin. Alçakgönüllülük, paha biçilmez bir duygusal araç kutusu varlığı olabilir; bunu uygulamak, başkalarına övünmenize gerek kalmadan kendi güçlü yönlerinizi ve başarılarınızı tanıdığınızı gösterir. Bunun yerine, kendinize ilham vermenin bir yolu olarak başkalarının başarılarına odaklanın! Başarılarının size de yansıdığını görebilirsiniz.

* Davranışların için sorumluluk al. Bir başkasını gücendirirseniz özür dileyin veya gerekirse durumu derhal çözmeye çalışın. Duygularını göz ardı etmeyin veya hiçbir şekilde incinmemeleri gerektiğine inandırmayın; Sorunları dürüstçe düzeltmeye ve düzeltmeye yönelik çaba göstererek, o kişiye sizin tarafınızdan değer verildiğini ve ikiniz arasındaki ilişkileri sürdürmek için mümkün olan her şeyin yapılacağını göstermiş olursunuz.

* Eylemlerinizin sonuçlarına dikkat edin. Herhangi bir eylem planına girişmeden önce, bunun duruma dahil olan kişileri nasıl etkileyeceğini ve yapmayı düşündüğünüz şeye onların tepkilerini her zaman hesaba katın. Bu onlara zarar verir mi yoksa durumu daha da kötüleştirir mi? Eğer durum buysa, bu konuda ilerlemekten tamamen kaçının; ancak herhangi bir nedenle bu önlenemiyorsa, önce bu kararı onlarla tartışın ve olumsuz sonuçlarını en aza indirmenin yollarını bulmaya çalışın.

Duygusal zeka insanları okumak ve anlamak için anahtardır. Bireylerle güçlü bağlar kurmanıza olanak tanır ve bu da sonuçta hayatınızın her alanında başarıya yol açar.

Partneriniz zorlu bir iş gününün ardından eve geldiğinde kendi kendine şunu düşünüyor mu: "Nihayet! Artık rahatlayabilirim!" Yoksa bunun yerine şunu mu düşünüyorlar: "İşte yine geliyor!" Başarılı bir evlilik veya ilişki istiyorsanız, ideal olarak önceki ifadeyi düşünmelerini istersiniz - tertemiz bir eve gelmek güzel olsa da, daha önemli olan, onların kalmaktan keyif aldıkları bir ortamda kendilerini rahat hissetmelerini sağlamaktır. Temizlik faktörünün kendisi kadar sizin tarafınızdan memnuniyetle karşılandığını ve hoş karşılandığını hissediyorum.

Zor bir gün geçirdiğinizde ne yapmalısınız? Gülümseyin ve bir toplantıda yabancılara karşı nazik olmaya çalışın mı, yoksa tüm duygusal kırıntılarınızı onların üzerine mi boşaltın? Bize en yakın olanların sıklıkla en kötü yönümüzü görmesi garip. Evlerimizde ve ilişkilerimizde birbirimizle "gerçek" olmadan, başka kime açılacağımız tartışılabilir. Ama onların sık sık öfkelenmesine ve telaşlanmasına da dayanabilir misin?

Bu nedenle kendi başınıza yaşayamayacağınız bir ortam yaratmamanız çok önemli. Elbette herkesin kaygı, öfke veya stresin kontrolü ele geçirdiği anlar vardır. Ancak partnerinizin eve olumsuzluklarla gelmemesi için bu olayları sınırlamaya çalışın. Bu duyguları tek başınıza yönetmek sizin için zor görünüyorsa, destek için arkadaşlarınızla veya terapistlerle konuşun; ancak zihinsel sağlığınız istikrarlı olduğunda ikiniz için de en uygun atmosferi yaratabilirsiniz.

Partnerinizin ilgisini çekmek, onunla konuşurken teknolojiyi denklemin dışında tutmayı gerektirir; Twitter akışınızda aynı anda gezinmeden tüm dikkatinizi verin; günlerinin nasıl geçtiğini dinleyin ve o gün boyunca neler yaptığınızı rapor edin; Eviniz yeterince büyükse, çok sık giriş yapma isteğini azaltmak için dizüstü bilgisayarları veya bilgisayarları görüş alanınızdan uzak tutun; dağınıklığı ortadan kaldırmak, her hafta yalnızca bir randevu gecesi yerine sık sık yeniden bağlantı kurulmasına olanak tanıyacaktır.

Ayrıca dış etkiler ideal bir atmosferin yaratılmasına yardımcı olabilir. Örneğin, partneriniz geldiğinde hem sizin hem de evinizin güzel koktuğundan emin olun; bu hem onu anında zihinsel olarak tazeleyecek hem de daha yakın hissetmelerini sağlayacaktır. Romantik, rahat bir ortam oluşturmak için kokulu mumları yakın ve hafif müzik çalın; arkadaşınız kesinlikle sizinle daha uzun süre kalmak isteyecektir!

Eviniz bir rahatlık ve huzur vahası olmalıdır; eğer partnerinizle birlikte bir vaha inşa etmeye yardım edebilirseniz, bu başarılı bir ortaklığa doğru uzun bir yol kat edecektir.

Konfor Alanlarını Tanımak ve Onlara Uyum Sağlamak
İlişkiniz eşofman giymenizi, yatakta osuruk çıkmanızı ve partnerinizin "Bebeğim, o sivilce tüm yüzünü kaplayabilir!" diye bağırmasını içeriyor mu? Eğer bu siz ve partneriniz arasındaki dinamiği tanımlıyorsa, uzun süreli, keyifli bir bağlantıyı başarılı bir şekilde kurmuşsunuz demektir.

İlişkinizin bir noktasında, katılmak istediğiniz bir aktivitenin veya sosyal durumun partnerinizin konfor alanının ötesinde olduğu durumlarla karşılaşabilirsiniz. İlişkide huzuru korumak ve anlaşmazlıkları önlemek için her iki partnerin de rahatlık düzeylerinin nerede bittiğini ve onları bu durumdan uzaklaşmaya ne kadar zorlayabileceğinizi anlaması önemlidir.

Siz dışa dönük biriyseniz ve partneriniz de içe dönük biriyse, o sizin kadar çok sayıda partiye ve açık hava etkinliğine katılmaktan hoşlanmayabilir. Bu nedenle, partnerlerden hiçbirinin içeride çok fazla kalmanın kendisini kısıtlanmış hissetmediği kabul edilebilir bir uzlaşma bulmak; ve sürekli sosyal etkileşimler nedeniyle ikisinin de aşırı maruz kaldığını hissetmemesi, birlikte mutluluğu bulmanın anahtarıdır.

Tercihlerine uyum sağlamak için, ruh hallerini anlayarak başlayın (örneğin, dışarı çıkmak istedikleri zamanlar mı yoksa evde Netflix ve kitaplarla daha fazla zaman geçirmek istedikleri zamanlar mı). Ayrıca art arda günlerce dışarı çıkmamaya çalışın ve tekrar dışarı çıkmadan önce enerji rezervlerinin kendilerini şarj etmesine izin verin. Tutumunuzdaki bu küçük ayarlamalar, onların tercihlerine önem verdiğinizi gösterecek ve onları da size uyum sağlamak için kendi konfor alanlarının dışına çıkmaya teşvik edecektir!

Araştırmalar, çiftlerin arkadaşlık ilişkilerinde kendilerini rahat hissettiklerinde ilişkilerin daha uzun sürme ihtimalinin önemli ölçüde arttığını gösterdi. Tersine, bir konfor seviyesine ulaşmak daha az heyecan veya keşfedilecek yeni deneyimler anlamına gelir ve zamanla bayatlama riski taşır. Peki, romantizmi canlı tutarken her iki partnerinizin de konfor seviyelerini karşılamayı nasıl dengeleyebilirsiniz?

Ara sıra birbirinizi şaşırtmayı deneyin - önce partnerinize danışmadan yeni bir araba satın almak kadar büyük bir şeyle değil - bunun yerine işten dönerken en sevdikleri yemeği ikram etmek, yatağa en seksi iç çamaşırınızı giymek gibi daha küçük, anlamlı hareketlere odaklanın veya Aşkınıza ne kadar düşünceli olduğunuzu göstermek için sürpriz randevular planlayın. Bu küçük sürprizler, konfor alanlarının çok dışına çıkmadan onlara sürpriz unsuru katacaktır.

Fazla rahat olan çiftler, partnerlerinin kendileri bir şey söylemek zorunda kalmadan bunları okuyabileceğini umarak kolayca konuşma yasağı bölgesine düşebilirler. Ancak gerçeklik çoğu zaman bunun aksini kanıtlayabilir!

Kendinizi anlamak, kalıplara ve öngörülebilir davranışlara dayalı olarak başkalarına kolaylıkla gelebilir, ancak bazen bunlar beklentilerinizi karşılayamaz. Bu gerçekleştiğinde iletişim ve duygularınızı dile getirmek çok önemli hale gelir; ortaya çıktıklarında duyguları bastırmayın; bunun yerine bunları açıkça ifade edin! Bir şey sizi derinden veya duygusal olarak incitmişse, yanında oturacak veya elini tutacak birine ihtiyaç duyuyorsa, ona haber verin! Kalpten kalbe konuşmak her zaman en yakınlarımızla bağlantı kurmanın en etkili yoludur.

Duygularını ifade etmek partnerinizin rahatlıkla yapabileceği bir şey değilse, sözlü olmayan ipuçlarını öğrenerek ona uyum sağlayın ve kendisini ifade etmesi için fazla zorlamayın. Zamanla, onların kendi rahatlık bölgelerinde kalmalarına izin vermenizi takdir ettiklerini fark edeceksiniz.

Partnerinizin konfor bölgesi, onun gerçekte kim olduğunu, hem güçlü yönlerini hem de kusurlarını gerçekten görmenize izin verdiği alandır. Onlarla bu bölgede kalmayı öğrenerek kişiliklerini daha kolay keşfedecek ve onu daha kolay yorumlamayı öğreneceksiniz.

Savunmasız Olmak

Bu kitap boyunca kırılganlık hakkında kapsamlı bir şekilde konuştuk ve duygusal maruz kalmanın size kendinizi deneyimlere ve sevgiye açma gücü sağladığını tekrarlamakta fayda var. Birçoğu kırılganlıklarını göstermekten korkuyor çünkü bunun kendilerini zayıf gösterdiğini düşünüyorlar - bu kesinlikle doğru değil! İşte nedeni.

Gerçek benliğinizi size en yakın olanlarla paylaşarak, gerçekte kim olduğunuzu ve gerçekte kim olduğunuzu görme cesaretinizi gösterirsiniz; en önemli ilişkilerde bir aidiyet, sevgi ve özgünlük duygusu yaratırsınız.

Savunmasız olmak için cesaretle ilerlemenin birçok duygusal avantajı vardır. Kendinizi, cesaretinizi sınayan ve zorlu senaryoları yönetme konusunda ne kadar yetenekli olduğunuzu test eden durumlara yerleştirmek gibi, sizi savunmasız bırakan durumlara yerleştirerek, yol boyunca engellere karşı dayanıklılığınızı güçlendirirken özgüveninizi geliştirin.

Arkadaşlara, partnerlere ve ebeveynlere karşı hassasiyet göstermek empatiyi geliştirebilir. Bunu yapmak, başkalarından saklamaya eğilimli olduğunuz zayıf noktalarınıza tanık olmalarını sağlar; bu tarafı onlara açarak, onlara herkesten daha önemli olduklarını söylersiniz.

Empati, başkalarıyla ilişkileri geliştirmenin ötesinde kendinizle olan bağınızı da güçlendirir. Kendinizin istenmeyen veya zayıf yönlerini kabul ederek ve bunları kim olduğunuzun bir parçası olarak kabul ederek, empati kendini kabullenmeyi artırır ve böylece genel sağlığa katkıda bulunur.

Aşağıda savunmasız kalmanıza yardımcı olacak birkaç öneri yer almaktadır: * Reddedilmeyle sonuçlanabilecek risklere açık olun. İlişkilerden ne istediğinizi, özellikle de beklentileriniz ve sınırlarınız hakkında dürüst bir şekilde iletişim kurun; bunun yanı sıra, konuşma sırasında ortaya çıkan kişisel konular ve ilişkilerde geçmişte yapılan hataların tartışılması gibi genellikle başkalarıyla tartışmadığınız kişisel konuları da belirtin.

* Korku, utanç veya keder duygularını uyandıran olayları tartışın.

Şu ana kadar kırılganlığı kabul etmenin kişinin büyümesine yardımcı olabileceği birkaç yolu araştırdık; esnekliği geliştirirken değişimin kapılarını da açar.

Değişim çoğu kişi için göz korkutucu olabilir çünkü konfor alanlarını terk etmeyi ve bilinmeyen bölgelere girmeyi gerektirir. Bu nedenle bu süreç kapsamlı bir çalışma gerektirir; ilk adım savunmasız olmayı öğrenmektir. Aşırı yemek yeme gibi sağlığınızı, görünüşünüzü ve bütçenizi olumsuz yönde etkileyen tanımlanamayan kötü bir alışkanlıktan kurtulmaya çalıştığınızı hayal edin. Ancak bunu başarılı bir şekilde yapabilmek için öncelikle bunun temel nedenini tanımlamanız gerekir; Sizi ilk etapta yemeğe yönlendiren şey nedir? Duygulardan, Stresten, Kaygıdan Kaçmak İçin mi Yoksa Sıkıntıdan mı Yemek yiyorsunuz? Yemek bağımlılığınızın üstesinden gelmek için kendinize dürüst bir bakış atmalısınız; tıpkı onların duygularının değişemeyeceği gibi, karanlık alışkanlıklarınızın da bir gecede değişmeyeceğini kabul etmek.

Değişim, dürüst ve saptırıcı olmayan bir öz analiz gerektirir ve kırılganlık, her şeye açılan kapıdır!

Güvenlik açığı zihninizi yeni bakış açılarına açabilir. Farklı bakış açılarını ve fikirleri memnuniyetle karşılamanın anahtarı, deneyimlerinizin hayatta her şeyi tüketen olmadığını kabul etmekten geçer; başka bakış açıları uğruna inançlardan ve değerlerden geçici olarak vazgeçmek zorlayıcı olabilir; yine de kırılganlık, sizin arzularınızın ve ihtiyaçlarınızın dışında yaşayan insanların olduğunu fark ettiğinizde ve orada yaşayan bu insanlarla anlamlı bağlantılar kurabilmek için tüm bakış açılarını eşit olarak kabul ettiğinizde, kendinizin ötesinde daha fazlasının olduğunu görmenize yardımcı olur.

Çok eski bir atasözü vardır: Dünyaya verdiğiniz her şey bir şekilde size geri döner. Bu, ilişkiler veya bağlantılar söz konusu olduğunda da aynı derecede geçerlidir; getirdiğiniz şey, aynı şekilde size geri yansıyacaktır; örneğin sevgi, empati, hoşgörü ve sabır, güçlü ve anlamlı bağlantılar şeklinde meyvelerini verecektir, oysa bunun tersi de geçerlidir.

Artık insanların nasıl çalıştığını anladığınıza göre, tüm bu bilgiyi kullanmaya başlamanın zamanı geldi! Bu bölümde öğrendiklerinizi iyi bir şekilde değerlendireceğiz; en dikkatle saklanan sırları çözmek bile zor olabilir; burada insanları neyin ele verdiğini keşfedeceğiz, yalanları hızla tespit edeceğiz ve insanların sıklıkla kendilerine karşı kurdukları engelleri aşacağız.

İnsanların kitap okuması, genellikle gözden kaçan küçük ayrıntılara ve gözlemlere dikkat etmekten ibarettir. Deneyimli bir insan okuyucusu olarak burun hareketi veya tırnak seğirmesi gibi küçük farklılıkların bile gözden kaçmasına izin veremezsiniz; bu nedenle bu bölüm size doğru değerlendirmeler yapmanıza yardımcı olacak bu mikro ayrıntıları nasıl tanımlayacağınızı öğretmeyi amaçlamaktadır.

Yalan söyleyen birinin nasıl göründüğünü hiç gözlemledin mi? Ne yazık ki tek bir cevap yok çünkü her birey farklı yalan belirtileri gösteriyor. Beden dili, yüz ifadeleri, sözcük seçimi ve alışkanlıklar birinin yalan söyleyip söylemediğini açığa çıkarabilir. Bunlar gibi sözlü ve sözsüz ipuçları, yalan ile gerçeğin belirlenmesine yardımcı olabilir; ancak temel terimini tanımayabilirsiniz!

İnsanları temel almak size bireyleri doğruluklarına göre değerlendirme gücü verir. Davranışlarının karakter dışı mı yoksa sadece normal davrandığının göstergesi mi olduğunu karşılaştırıp yargılamak için nesnel bir ölçü sağlayarak.

Peki temel davranışları nasıl tanımlayabilirsiniz? İşte bunu yapmanıza yardımcı olacak üç kolay adım!

Adım 1: El sıkışmayla başlayın.

Dedikleri gibi, ilk izlenimler kalıcıdır ve biri hakkında ilk etkileyici açıklamayı yapmak için yalnızca tek bir şansınız olur. Ayrıca, çoğu kişi ilk toplantı sırasında en olumlu hallerini aldığından, bunu bir kişinin eylemlerini değerlendirmek için ideal bir an olarak düşünün.

Satış görevlileri ve görüşmeciler bu beceriyi kullanma konusunda ustadırlar; genellikle müşteriler veya potansiyel işe alınacak kişiler üzerinde tek bir el sıkışmanın ardından olumlu bir ilk izlenim yaratırlar. Onların sırrı mı? Yeni gelenleri giriş tokalaşmasıyla selamlarken bakışlara, ses kalitesine ve duruşa çok dikkat etmek.

İster sosyal ister profesyonel bir durumda olun, insanların sosyal ipuçlarını takip etmek ve zihinsel notlar almak, bunları daha hızlı değerlendirmenize olanak sağlayacaktır. Bu bazen müdahaleci gelse de bilin ki tüm bu veriler zaten bilinçaltımızda aklımıza geliyor; onun varlığını hatırlamak için bilinçli bir çaba göstererek davranış açısından hızlı bir şekilde bağlantılar kurabiliriz.

Birinin elini sıkarken, onun havadan sudan konuşmasına, şaka yapmasına ve kişisel sorularına doğal bir ortamda nasıl yanıt vermesine dikkat edin. Bu bilgi bir temel oluşturmanıza yardımcı olabilir.

Adım 2: Sorular Sorarak Farklı Tepkileri Teşvik Edin.

Doğru bir temel oluşturmanın anahtarı, bireyin farklı durumlardaki normal tepkilerini toplamaktır - mutlu, üzgün veya sıkıldığında nasıl tepki verdikleri sadece örnektir - cenazeler gibi günlük ortamlarda bu zor olabilir - ancak bazen tepkileri ölçmek için belirli sorular sormak da mümkündür. hakkında daha yakından bilgi sağlayabiliriz.

David veya Jane onlara "hayır" dediğinizde rahatsızlık belirtileri gösteriyor mu? Kevin, Taylor'la konuşurken kaşlarını kaldırıyor mu?

Tehdit edici olmayan durumlardaki tepkileriniz, bu kişinin daha tehlikeli senaryolarda nasıl tepki vereceğine temel oluşturacaktır.

Göz hareketi normal davranıştan sapmanın göstergesi olarak kullanılabilir. Dünya çapındaki araştırmacılara göre, dürüst olmayan faaliyetlerde bulunanlar, konuşma biçimleri normal koşullardan farklı olmasına rağmen genellikle konuşurken göz teması kurarlar; örneğin konuşurken aşağıya bakabilirler veya başka bir yere bakabilirler; ya da ilk başta sürekli göz teması kuruyor, ancak daha sonra tetikleyici sorular ya da stres etkenleri bunun aniden değişmesine neden oluyor; benzer şekilde normalden daha yavaş veya daha hızlı göz kırpmak da şüpheli bir şeyin olduğunun sinyali olabilir.

Taban çizgilerini gerçekleştirirken dikkat edilmesi gereken diğer hususlar arasında oturma ve ayakta duruşlar, ses hızı ve tonu, kahkaha tarzı, sinirli tikler, el hareketleri ve heyecan ve şaşkınlık ifadeleri yer alır. Birçoğunun farkına varmadığı şey, yüzlerinin genellikle kısa gülümseme çatlakları veya kaşların kaldırılması gibi mikro ifadelerle gerçek duyguları ele vermesidir; bu mikro ifadeler yalnızca milisaniyeler içinde gerçekleşir, ancak kısmen farkındalık yoluyla kontrol edilebilen beden dilinin aksine, bir kişinin gerçekte nasıl hissettiğini tam olarak ortaya çıkarır. ondan.

Profesyoneller, yüz ifadeleri sırasında sergilenen duyguların her zaman suçluluk belirtisi olmadığı konusunda hemfikirdir; bazen akıllarından geçenleri ifade etmek istemezler. Birisi bu semptomları gösterdiğinde, neden bu şekilde hissettiğine dair özel sorular sorarak konuyu daha da araştırın.

Adım 3: Temel davranışın zihinsel kaydını tutun.

Bu bulmacayı çözmenin son anahtarı, zihinsel olarak gözlemlediğiniz her şeyi hatırlamaktır. Davranışlarını, gerekirse eş, meslek veya memleket adresi gibi ek bilgilerle birlikte dosyalayın - özellikle hafızanız zayıfsa! Bu ekstra ayrıntının sağlanması, noktaların daha hızlı bir şekilde birleştirilmesine ve diğer ayrıntıların daha kolay hatırlanmasına yardımcı olabilir; sadece her şeyi yazmayın, beyninizin hatırlamasına izin verin!

Hiç bir grup insana işten ilgi çekici bir hikaye anlatırken yanıt olarak duyulan tek şeyin "Ah evet! Harika. Karides servisi mi yapıyorlar?" olduğu bir partiye katıldınız mı? ve hikayenizi hızla tamamlayıp, işlerin nasıl sonuçlandığı konusunda tatmin olmadan enerjiniz hızla tükendi mi?

Olan şuydu: Birisi sadece yarım yamalak dinliyordu ve hem diyaloğunuzu hem de ruh halinizi bozan alakasız bir soru sordu. Bir konuşmanın sorunsuz ilerlemesini sağlamak için dikkat edin ve ilgili sorular sorun; bu onların daha özgür konuşmasını sağlayacak ve sonuçta onlar hakkında daha derin bir fikir edinmenizi sağlayacak ve karşılığında onları daha iyi okumanıza yardımcı olacaktır. Domino etkisi gibi!

Davet, iletişimin temel araçlarından biridir; keşfedebilecekleri konular hakkında öneriler sunarken, orada bulunanlara konuşma sırasının kendilerine geldiğini bildirir.

Örnek: "En son okuduğunuz kitap nasıldı?" diye sormak Sorunuzda değindiğiniz spesifik konuyla ilgili bir sohbet daveti açar.

Bu davetler, konuşmanın yoldan saptığı durumlarda önemli bir güvenlik ağı görevi görür. Kendinizi sohbet için konu bulmakta zorlanırken bulursanız, karışıma bir davet eklemeyi deneyin; özellikle de daha önce tartıştığınız bir konu ile ilgiliyse! Yoksa hep birlikte yeni konu açmanın bir zararı olmaz.

Davetler soru veya açıklama şeklinde olabilir. Soruya dayalı davetiyeleri kullanırken, maksimum yanıt için dili açık fikirli ve ilişkilendirilebilir tuttuğunuzdan emin olun.

Bu açık uçlu sorular karşınızdaki kişinin kısa cevaplar vermek yerine konuyu detaylandırmasına olanak tanır. Örneğin, "Yolculuğunuz iyi geçti mi?" muhtemelen evet ya da hayır cevaplarıyla sonuçlanacaktır. Aksine, "Yolculuğunuz nasıldı?" Diğer kişiye değer verdiğinizi gösteren ve onu seyahatleriyle ilgili daha fazla ayrıntıyı sizinle paylaşmaya motive eden daha ayrıntılı yanıtlar alabilirsiniz.

Bir başkasını tanımaya ilgi göstererek kendinizinkini gösterirsiniz. Bu, sizinle o kişi arasında güçlendirici bir bağ oluşturur ve onun daha fazla açılmasına olanak tanır.

Anlayışlı sorular sormaya benzer şekilde, onlar hakkında anlayışlı sorular sormak da ilginizi gösterir. Klasik "göster, söyleme" kuralını takip ederek algılayıcı sorular sorarak insanlara önemsediğinizi gösterirsiniz - ancak meraklı olmaktan kaçının!

Daha sonra iyi ve anlayışlı sorular sorma görevimiz geliyor.

İkincisini yapmak size onların gerçek benlikleri hakkında pek fazla fikir vermeyecektir, çünkü onlar bile neden ilgilendiğinizi anlamayacaklardır. Hava durumunu onlardan daha fazla önemsediğinizi düşünebilirler! Aynı şekilde "En derin, en karanlık arzunuz nedir?" gibi samimi sorular sorarak onları rahatsız edebilir ve bir an önce kendinizden kaçmak istemelerini sağlayabilirsiniz.

Küçük ve sezgisel başlayın. Sorularınız ilerledikçe karşınızdaki kişinin rahatlık düzeyini de göz önünde bulundurarak yavaş yavaş daha samimi sorular sorun. Herhangi bir noktada sorularınızdan rahatsız olurlarsa veya rahatsızlık belirtileri gösterirlerse durun. Bunun yerine, daha derinlemesine araştırmaya devam etme izni verilene kadar daha az müdahaleci sorulara geri dönün.

Ancak birinin kişiliğini çok derinlemesine incelemeden önce iki önemli husus akılda tutulmalıdır.

Her şeyden önce, bir ilişkinin resmi ilişkiden samimi ilişkiye geçişi bir gecede gerçekleşmez; daha ziyade, zaman içinde birçok konuşmayı gerektiren aşamalı bir süreçtir. İlk konuşmalar aile ve hobiler gibi yüzeysel konular etrafında dönebilir; zamanla bunlar geçmiş ilişkiler veya çocukluk travması gibi kişisel tartışmalara dönüşebilir.

Her konuşmanın bir kişiyle yakınlık kurma ve onun hakkında daha fazla bilgi edinme şansı sunduğunu kendinize hatırlatın. Zamanla kendileri hakkındaki kişisel ayrıntıları paylaşma konusunda kendilerini daha rahat hissedebilirler.

İkincisi, güven oluşturun. Birinden hayatının özel ayrıntılarını açıklamasını isterseniz, karşılığında da aynısını yapmaya hazır olun. Kendinizle ilgili ayrıntıları paylaşmak, ikiniz arasında herhangi bir ilişkide güven oluşturabilecek bir güven kanalı açacaktır.

Davet soruları diyaloğu başlatmak açısından harikadır ancak işi tek başına yapmazlar. Bu nedenle diyaloğu genişletmek için takip sorgularını kullanın.

Basitçe söylemek gerekirse, birine "Bu konuda ne hissediyorsun?" gibi sorular sormak. veya "Bunu neden söyledin?" Hikayelerine veya mesajlarına gerçek bir merak duyduğunu gösterir ve onlara, düşüncelerinin birileri tarafından değer verildiğine dair onay sağlar. Bu aynı zamanda sizin için çok rahatsız edici veya sıkıcı görünebilecek konuşmalar sırasında dikkatle dinlerken değerinizi gösterme şansını da verir.

Bir dahaki sefere birisi belirsiz terimlerle konuştuğunda, sadece başını sallayıp hızlı bir şekilde ilerlemek yerine, ona şunu sorun: "Bununla ne demek istediniz?" Konuşmaları genişletmek ve daha anlamlı hale getirmek için işte bazı ek fikirler:

* Kız kardeşiniz/kardeşiniz/eşiniz bu aralar neler yapıyorsunuz? * Gününüz nasıl geçti ve en heyecan verici kısmı neydi? * Neden bu kadar düşünceli bir açıklama yaptın? * Bunu detaylandırıp daha iyi anlamama yardımcı olabilir misiniz?

* Bu konudaki düşüncelerinizin değişeceğine ve sonunda bu konudaki fikirlerinin değişeceğine inanıyor musunuz?

Her soruyu yanıtlamadan önce, diğer kişinin yanıtını kesmeden yanıt vermesi için zaman ve alan tanıyın. Birini daha iyi tanımanın anahtarı dinlemektir!

Einstein'ın meşhur tavsiyesi "Her Şeyi Sorgulayın". Etkileşimde bulunduğumuz kişilere aydınlatıcı sorular sormak, verimli etkileşimler yaratmaya, güven ilişkileri kurmaya ve anlamlı bağlar kurmaya yardımcı olur.

Ne kadar sıklıkla "Bıktım artık, hep yalan söylüyorlar!" diye düşündünüz mü? Başarısız bir ilişkiden sonra ya da iş terfisi vaadinin boşa çıkmasından sonra, yalan söylemek her zaman hayal kırıklığı yaratır ve kararlarımızı sorgulamamıza ve bir zamanlar güvendiğimiz insanlara giderek daha az güvenmemize neden olabilir. Peki ya bir çıkış yolu varsa? Bu bölüm, herhangi bir şüpheli işareti hızlı bir şekilde tanıyabilmeniz ve yalnızca güvenilir kişilere güvenmeyi öğrenebilmeniz için, kendi insan yalan dedektörünüz olmanızı sağlayacak araçlarla sizi donatacaktır.

Gerçeği söylemek gerekirse çoğu insan ara sıra yalan söyler. Bazen "Hayır tatlım, bu elbise seni şişman göstermiyor!" gibi küçük beyaz yalanlar olabilir. ancak diğer durumlarda, "Annem hastaydı, bu yüzden bugün geç kaldım" gibi yalanlar daha bariz olabilir veya "Bir ilişkim yok; işte bütün gece bir kez daha geçirdim" gibi düpedüz aldatıcı olabilir.

Ancak çoğu insan yalanları tanıma konusunda zayıftır ve bu da onların aldatılmasına neden olur. Bu alanı incelemek için yapılan bir araştırma, katılımcıların yalnızca %54'ünün yalanları doğru şekilde tespit edebildiğini gösterdi.[16]

Yalan söyleyen kişilerle doğruyu söyleyen kişiler arasındaki davranış farklılıklarını değerlendirmek zor olabilir; çünkü her iki grubu da tanımlamaya olanak sağlayacak belirgin işaretler yoktur; ancak ince göstergeler birini diğerinden ayırmaya yardımcı olabilir. Daha önce başka bir bölümde bahsedildiği gibi, temel davranışlardaki farklılıklar yalan söylemenin başka bir göstergesidir.

Ancak yalan tespitinin büyük ölçüde içgüdülerinize güvenmeye dayandığını bilmek önemlidir. Hangi işaretlere dikkat etmeniz gerektiğini bildiğinizde, bunları bilginiz ve içgüdülerinizle nasıl yorumlayacağınızı öğrendiğinizde yalan tespiti sizin için çok daha kolay hale gelecektir.

Pek çok sektörden psikolog ve araştırmacılar, kolluk kuvvetlerinin dolandırıcıları ve yalancıları daha hızlı ve doğru bir şekilde tespit etmesine yardımcı olmak amacıyla aldatma ve beden dili üzerine kapsamlı çalışmalar yürütüyor. Bu araştırmanın sonucu, herhangi bir aldatmacaya işaret edebilecek birkaç potansiyel kırmızı bayrağın altını çizdi:

* Minimal ayrıntılara gönüllü olarak kasıtlı olarak belirsiz davranmak; Herhangi bir olay veya olay hakkında ayrıntılı bilgi verememek

Belirli soruları yanıtlarken cümleleri veya soruları tekrarlamak; Cümle parçaları halinde konuşmak.

* Parmaklarını dudaklarına bastırmak veya saç tellerine dokunmak gibi bakım davranışları sergilemek

Her şeyde olduğu gibi, yalan tespitinde de pratik mükemmelleştirir. Araştırma okumak ve anlatılanları öğrenmek sizi yalnızca bir yere kadar götürebilir; Yalan tespitinde gerçekten ustalaşmak, çok dikkatli olmayı ve %100 farkında olmayı gerektirir.

Bu nedenle artık odak noktamızı bir sahtekarı tespit etmeye çalışırken dikkat etmeniz gereken göstergelere veya işaretlere çeviriyoruz.

Her şeyden önce, hangi sinyallere dikkat etmeniz gerektiğinin farkında olun. İnsanlar yalanları tespit etmek için geçerli ipuçlarına güvenirken, yalan göstergeleri olarak güvenilirlikleri sınırlı olabilir. İnsanların gözlemlediği bazı yaygın aldatma ipuçları şunlardır:

* Kayıtsızlık Göstermek: Birisi ifadeyi bastırarak ve hiçbir şey göstermeyerek duygusal olarak tarafsız kalmaya çalıştığında, çok fazla bilgi açıklamamanın bir yolu olarak ifade eksikliği gösterebilir, kayıtsız bir duruş sergileyebilir veya omuz silkebilir.

* Vokal Tutarsızlık: Eğer konuşmacı kendinden emin görünmüyor ve konuşurken mırıldanmaya veya kekelemeye başlıyorsa bunun nedeni beyninin yalanlarını örtbas edecek kadar hızlı düşünememesi olabilir.

* Aşırı düşünmek: Birisi gerçeği çarpıtmaya niyetli göründüğünde, genellikle aşırı düşünmek sonuçlanabilir. Hangi işaretlere dikkat edilmesi gerektiği konusunda doğru bilgi ve herhangi bir durumda muhakeme yeteneğinin etkili bir şekilde kullanılmasıyla, anlayış çok daha kolay hale gelebilir.

İkincisi, yalnızca beden diline güvenmeyin. Yalan tespit kitaplarının ve bloglarının çoğu, aldatanları yakalamak için yalnızca beden diline (davranışlardaki ince değişikliklere ve kimin sahtekâr olduğunu ortaya çıkaran fiziksel işaretlere) odaklanmayı savunur. Ancak araştırmalar artık beden dili ipuçlarının yalanların tespit edilmesine yardımcı olabileceğini ancak aldatmanın her zaman güvenilir göstergeleri olmadığını gösteriyor.

Araştırma psikoloğu Howard Ehrlichman, göz hareketlerindeki değişikliklerin her zaman yalan söylediğini göstermediğini buldu; bunlar basitçe bilginin uzun süreli hafızadan alınmasından veya çok fazla düşünülmesinden kaynaklanabilir.[17]

Bu ve diğer çalışmalardan, beden dilinin çoğunlukla doğru olmasına rağmen her zaman yalan söylemenin en iyi göstergesi olamayabileceği sonucuna varılabilir. Birini ve onun davranış kalıplarını bilmek, yalan söylemeyi temel davranış kalıplarından ayırmada avantaj sağlar.

Üçüncüsü, hikayelerini geriye doğru anlatmalarını isteyin! Bu alıştırmanın arkasındaki teori, bilişsel yük arttığında gerçeği yalanlardan ayıran sözel olmayan ve sözel ipuçlarının daha belirgin hale gelmesidir - bunun nedeni, yalan söylemenin doğruyu söylemekle karşılaştırıldığında yorucu bir süreç olmasıdır - dolayısıyla insanlar neden "doğruyu söylersen, yalan söylersin" derler. tüm ayrıntılarını hatırlamanıza gerek yok".

Kasıtlı yalanlar bilişsel açıdan daha zorlayıcı faaliyetlerdir; Bu tür eylemlere katılanlar, yalanlarını ortaya çıkarabilecek her türlü anlatımı gizlemek, hem kendilerinin hem de dinleyicilerin davranışlarını izlemek için büyük miktarda zihinsel kaynağa ihtiyaç duyarlar. Güvenilirlik oluşturmak ve başkalarını hikayelerine ikna etmek çaba gerektirir, ancak hikayeyi geriye doğru anlatma talebiyle birleştiğinde, anlatılarındaki veya davranış tutarsızlıklarındaki çatlakları fark etmeye başlayabilirsiniz. Araştırmalar bu teoriyi doğruladı. Bir hikayenin ayrıntıları yetersiz görünüyorsa veya tamamen uydurmaysa, ilk seferde hangi ayrıntıların tekrarlandığını hatırlayın! Bunu yapmak yalanlarla gerçeği ayırt etmenizi sağlayacaktır.

Daha önce tartışıldığı gibi içgüdülerinize güvenin! Daha önce de belirtildiği gibi, yalan tespitine karşı en büyük silahınız içgüdülerinizi dinlemek olabilir. Çok sayıda çalışma, aldatmanın tespitinde bilinçaltı içsel göstergelerin bilinçli stratejilerden daha etkili olduğunu kanıtlamıştır. İnsanlar, eğer dikkat edersek aldatmacayı fark etmemize yardımcı olacak sezgisel, bilinçsiz verilere sahiptir.

İçgüdüler son derece güvenilir olabilse de, insanlar genellikle onları doğru şekilde kullanma becerisinden veya becerisinden yoksundur ve aldatıcı düşüncelere karşı savunmasız kalırlar. Ancak ne yazık ki bilinçli düşünce veya tepki, otomatik çağrışımlara müdahale edebilir; içgüdülerinize güvenmek yerine, bilinçli düşünceleriniz kalıpları veya basmakalıp eylemleri analiz etmeye başlar ve sonunda kendinize tamamen güvenmekten vazgeçirir. Kendinizi yeterince iyi tanımak, içgüdüsel tepkileri tanımanıza olanak tanırken, kendinizden şüphe duymanıza yol açan ve ara sıra bunun işe yarayıp yaramayacağını sorgulamanıza neden olan davranışları aşırı vurgulamamanıza da olanak tanır!

Son olarak güven düzeyindeki değişimi gözlemleyin. Dikkat etmeniz, potansiyel bir aldatıcıyla karşılaştığınızda tarzının değiştiğini size gösterecektir; yalancıların çoğu, kontrolün kendilerinde olduğunu hissettikleri sınırlı yalan alanı içinde kendilerini güvende hissederler; ancak söyledikleri herhangi bir şeye meydan okuyan bir şey varsa, bu onların kontrolü kaybetmelerine ve dolayısıyla güven düzeylerinin önemli ölçüde düşmesine neden olabilir.

Kendilerini baskı altında hissetmeye başladıkça, anlatımlarını değiştirdiklerini veya belirli olaylarla ilgili tutarsız yanıtlar verdiklerini, yanıtlarında daha tutarsız hale geldiklerini ve olayları tanımlama biçimlerini değiştirdiklerini fark edebilirsiniz. Bunun gibi davranış değişikliklerini izleyerek hikayelerindeki boşlukları tespit edebilir ve gerçek niyetlerini tespit edebilirsiniz.

Karşınızdaki birinin doğruyu mu söylediğini yoksa hikaye mi uydurduğunu belirlemenin zor olabileceğini unutmayın; belki bilgileri gizleme konusunda ustadırlar veya güveniniz, yanlış bir şeyi fark etmenizi zorlaştırabilir. Ancak yukarıda özetlenen işaretler ve göstergeler birisinin sizden bir şeyler sakladığını açığa vurabilir.

Bir dahaki sefere birisinin dürüstlüğünü değerlendirmeniz gerektiğinde, yalanlarla bağlantılı her türlü ince ipucuna çok dikkat edin. Gerekirse hikayelerini anlatmayı rasyonel olarak yorucu hale getirerek baskıyı artırın. Bu uygulamaları sürdürerek ve bu ipuçlarını aklınızda tutarak, size karşı dürüst olmayan kişileri hayatınızdan hızla çıkarabileceksiniz.

Birinin İhmal Ederek Yalan Söylediğini Nasıl Anlayabilirsiniz? Birinin Yalan Söylediğini İhmal Ederek Nasıl Anlayabilirsiniz? Birisi açıkça yalan söyleyip bunun yerine gerçeğin yalnızca bir kısmını sunuyorsa, bu yalan söylemek mi yoksa sadece iletişim kurmak mı sayılır? Atlayarak yalan söylemek, olan her şeyi anlatmaktan kaçınmak için kullanılan akıllıca bir taktiktir; kayıt amacıyla, alıcının doğru bir anlayışa sahip olmasını engellediği için yalan söylediği düşünülmelidir. Örneğin, bir çocuk size dondurmayı ancak dondurucuya koyduğunu, daha sonra çıkıp hepsini kendisinin yediğini söyleyebilir; Bilgiyi alan kişinin tüm tarafları görmesini engellediği için bunun yalan olarak sınıflandırılması gerekir. Örneğin bir çocuk, dondurmayı dondurucuya koyduğunu söyleyebilir, ancak daha sonra çıkarması ve daha sonra yemesi gibi tüm gerçekleri onlara tam olarak anlatmak yerine, daha sonra çıktığı yerden daha sonra çıkardığını söylemeyebilir. mümkün olduğunca sizin tarafınızdan sorulmuştur.

Ancak sorunuz "Dondurma nereye gitti?" ise, verdikleri yanıt size yeterli ayrıntıyı sağlamıyordu; Hikayeleri ne kadar doğru olursa olsun.

İhmal edilen yalanlarla yalan söylemenin sorunu, bunu kullanan çoğu kişinin yalan söylediğini düşünmemesi, dolayısıyla o kadar isteksiz olmaması veya birisinin yalan söylediğine dair tipik işaretler göstermemesidir. Birinin neden yalan söylediğini tam olarak anlayabilmek için onun motivasyonunu bilmemiz gerekir; İnsanlar utanç, suçluluk veya korku nedeniyle önemli bilgileri saklayabilirler, ancak tamamen yalan söylemek konusunda isteksiz olduklarından, birisi konuşmalarda önemli ayrıntıları dışarıda bırakırsa araştırmacıların gerçeğe ulaşması daha kolay olabilir.

Önemli bir konuyu tartışırken birisinin rahatsız göründüğüne dair işaretleri tarayın. Belirsiz mi görünüyorlar, çok fazla ara mı veriyorlar, göz temasından kaçınıyorlar mı? İnsanları belirli ayrıntıları paylaşıp paylaşmama konusunda bilinçli kararlar vermeye zorlamak için netlik sağlamak amacıyla özel sorular sorun, artık "yalan söylemiyorum" ifadesinin arkasına saklanamamak, birinin özgürce yalan söylediği zamana göre tüm gerçeği daha kolay öğrenmenize olanak tanımak tereddüt etmeden. Birisi yalan söylese bile, tereddüt etmeden defalarca yalan söyleyen biriyle karşılaştırıldığında, işaretlerini tespit etmek muhtemelen daha kolay olacaktır.

BÖLÜM 22: İNCE DİLİMLEME SANATINDA DOĞRU ŞEKİLDE USTALAŞIN

Sizi hemen tedirgin eden, ancak size neden rahatsız göründüğünü anlayamadığınız biriyle hiç tanıştınız mı? Size bakışlarında bir sorun var gibi görünüyor ama tam olarak ne olduğunu belirleyemiyor musunuz? Sizi rahatsız ettiler mi ama neden böyle göründüklerini çözemediniz mi? Bu size tanıdık geliyorsa Bölüm 22 size çözüm sağlayabilir: İnce Dilimleme Sırasında Doğruluk Kazanmak.

"Bir şeyler pek doğru gelmiyordu." Kendinizi, diş prosedürleri için neden o diş hekimini seçmediğinizi veya etkileyici bir iş teklifini neden reddettiğinizi eşinize boşuna açıklamaya çalışırken bulacaksınız.

Her gün çeşitli insanlarla temasa geçiyoruz; bazılarını çok az tanıyoruz, bazıları ise kalıcı izlenimler bırakıyor. Bir parkta kısa süreliğine tanıştığınız birini sıcak ya da nazik olarak hatırlayabilirken, başka bir yabancı kaba ya da tuhaf olarak göze çarpabilir.

Başlangıçtaki tüm yargılarımız haksız mı ve kendi önyargılarımızdan mı kaynaklanıyor? Belki de hayır! Belki de ilk izlenimler önemlidir çünkü birisi hakkında bilinçli zihnimizin henüz anlayamadığı bir şeyi açığa çıkarırlar. İnsanlar hakkında hızlı ama doğru varsayımlarda bulunma becerisine ince dilimleme adı veriliyor.

Bir kişinin kişiliğine ilişkin ilk izlenimler veya yargılar tek başına tesadüfen oluşmaz; bunlar aslında bilgiyi sandığımızdan çok daha hızlı işleyen bilinçaltı zihinlerimiz tarafından yaratılır! Neden bazılarımız diğerlerinden daha iyi kararlar verebiliyoruz diye soruyorsunuz?

Doğru yargılarda bulunanları, yapmayanlardan ayıran şey, "sezgilerine" güvenmeleridir. İçgüdülerinin onlara söylediklerini dinlerler ve bu becerileri bilinçli çaba göstererek geliştirirler.

İnce dilimleme, bilimsel olarak küçük bilgi parçalarına dayanarak bilinçli kararlar verme yeteneği olarak tanımlanabilir. Çok sayıda deney, birisiyle ilgili çıkarımlarımızın, onunla ne kadar süre konuştuğumuza bakılmaksızın (beş saniye veya beş dakika) tutarlı olduğunu kanıtlamıştır.[18] Bilinçaltımız, o kişiyle ilgili göz kapaklarını kırpmak, sert duruşlar, gülümsemeler veya jestler gibi daha incelikli özellikleri gözlemler. bilinçli zihinlerimiz fark etmeden yanımızdan geçip gidiyorlar.

Bu harika olamaz mı? Birisi hakkında yalnızca bir ifadeye veya mikro özelliğe dayanarak doğru bir şekilde varsayımlarda bulunmak bu kadar doğru olabilir.

Peki neden şimdiye kadar insanların zihinlerini okuma konusunda usta olamadık? Çoğunlukla bu yargıları ifade edememekten kaynaklanmaktadır. Yeterli detayın parmaklarımızın ucunda olmaması, bu sözsüz kod çözme işleminin biz farkına bile varmadan gerçekleşmesi anlamına gelir; bu da gerçeği yansıtmasa da, bilinçaltımızdan bize yanıtlar taşıyabilecek sinyaller olarak hareket etmesine rağmen ilk izlenimlere bu kadar önem verir.

İnsanlar olarak sınırlar dahilinde yalnızca kendimize güvenmeye programlıyız. Olumsuz önyargı, kendimize çok fazla güvenmemizi engeller. Kendi kendinize şöyle düşünüyor olabilirsiniz: 'Bütün bunlar kulağa harika geliyor; ancak eğer içgüdülerime daha çok güvenseydim bu kitabı satın almazdım!"

İkileminizi anlıyorum; İçgüdülerime çok sık güvenmem beni kumarda kayıplara sürükledi! Her ne kadar bilinçaltı zihninizin kararlarınızı yönlendirmesine izin vermenizi savunmuyor olsam da, beyinlerimiz sandığımızdan çok daha akıllıdır! Beynimizin saniyede 11 milyon bit bilgiyi işleyebildiğini biliyor muydunuz? Ancak bilinçli zihnimiz sadece 40-50 bitlik bir kısmı işleyebiliyor gibi görünüyor. [19] Beynimizin gerçekte başa çıkabildiği ile bizim onun başa çıkabileceğini algıladığımız arasında çok büyük bir fark var; Biz sadece 50 bitlik bir kısmı işliyor olsak da, bilinçaltı beynimiz bilinçli farkındalığımızın bize sağlayabileceğinden çok daha doğru gözlemlemiş, çıkarım yapmış ve fikirler oluşturmuştur.

Karşılaştırmalı olarak konuşursak, bilinçaltımız bilgiyi işleme konusunda olağanüstü bir iş çıkarmıştır; ne yazık ki çabalarını yeterince takdir etmiyoruz. Karar verirken bilinçaltımıza daha çok güvendiğimizi hayal edin; İnsanların beyinlerine erişmek için başka hiçbir beceriye ihtiyaç duyulmayabilir!

İnce dilimleme sanatını keşfetmek, bilinçaltı düşüncelerimizi tanımamızı ve sezgilerimizi doğru yorumlamamızı gerektirir. Fark edilmeden gözden kaçabilecek o küçük yargıları gömmeyin. Birini etiketlerken kendinize nedenini sorun ve daha fazla düşünün: ağırlıkları bir bacaktan diğerine mi kayıyordu yoksa konuşmadan hemen önce dudaklarını mı ısırdı?

Bilinçaltımız ne kadar güçlü olsa da bilinçli önyargılarla çarpışıp bazı talihsiz kararlara yol açabilir. Bu nedenle, herkes karar verirken yalnızca içgüdülerine güvenmez; potansiyel güç hepimizin içindedir, sadece kilidinin açılması ve doğru şekilde kullanılması gerekir.

İnce dilimleme, minimum bilgiye sahip biri hakkında daha fazla şey öğrenmeyi içerir. Davranışları, vücut dilleri, el yazıları ve kıyafetleri, dikkatli bir şekilde gözlemlendiğinde ve bilinçaltının farkına varıldığında onlar hakkında çok şey ortaya koyuyor. Malcolm Gladwell'in en çok satan kitabı Blink'e göre, ince dilimleme kişinin "adaptif bilinçaltına" erişmeyi içerir. Bilinçli zihinler, insanlar veya olaylar hakkında yalnızca bilinçli gözlemlere dayalı sonuçlar çıkarırken kanıta dayalı değerlendirmeleri kullanırken, uyarlanabilir bilinçdışı, kaynakları olarak en iyi ihtimalle çok küçük kanıt parçalarına sahip değerlendirmeleri kullanır.

Bilgiyi ince ince dilimleme zanaatını uygularken ve mükemmelleştirirken başarımız, kazandığımız her deneyimi pratik edebilmemize ve öğrenebilmemize bağlıdır. Bilinçaltınıza dokunarak ve değerlendirmeler yerine bilgileri filtreleyerek başkalarını daha iyi anlayabilir ve davranışlarını tahmin edebilirsiniz.

Saygın bir Amerikalı psikolog olan John Gottman, "aşk laboratuvarı" olarak bilinen şeyi geliştirmek için 3.000'den fazla çiftin katıldığı derinlemesine bir araştırma çalışması yürüttü. Gottman, bu bilgi toplama ve ayrıştırma yöntemi sayesinde, ilgili verileri ince ince dilimleyerek, yalnızca hepsini bir araya toplamakla kalmayıp aynı zamanda alaka düzeyini de anlayarak evliliğin geleceğini tahmin edebileceğiniz sonucuna vardı. Bu teori sadece gerçekleri toplamaya değil, aynı zamanda hangi bilginin en uygun olduğunu belirlemeye de odaklandı.

Ve sizin de yapmanız gereken şey kesinlikle budur. Bilinçaltınız milyonlarca bit veri alacaktır, ancak bilinçli zihninizin artık hangi bilginin önemli veya alakasız olduğuna karar vermesi gerekir; Kitabın diğer bölümlerinde sağlanan bilginin değeri burada yatmaktadır; Hangi eylemlerin, kelimelerin ve göstergelerin odaklanmanız gerektiğini ve hangilerinin insanları daha iyi anlama açısından uygun olmadığını ayırt etmek için araçlarını kullanın.

Gottman'ın teorisi, çok fazla dikkat çekmeden, önemsiz görünen kısa yüz ifadelerine ve diyaloglara odaklanmayı öneriyor. Hemen sonuç vermeyecek olsa da, kalıpları tanımak için pratik yapmak gerekir - yalan söyleyen, duygularını iyi koruyan veya dışa dönük davranışların arkasına saklanan insanları tanımlamanız gerekir - böylece zaman ilerledikçe bilinçli ve bilinçaltı zihinleriniz kusursuz bir şekilde hizalanır ve hesaplanmış davranışlara izin verir. Birinin aklında ne olduğuna dair değerlendirmeler. [23]

Bazen hepimiz kendimizi birisinin "Umurumda değil" veya "Neden önemli olduğunu düşünüyorsun" veya "İyiyim" gibi ifadeler kullandığında ne demek istediğini çözmeye çalışırken buluruz; bunlar, ilişkilere kalıcı bir zarar vermeden önce gerçek niyetlerini hızlı bir şekilde anlamanızı gerektiren, saatli bombalar gibi hissedilebilir! Kendinizi keşke yıllar önce o telepati atölyesine kayıt olmuş olsaydınız derken buluyorsunuz!

Yorum yapmak çoğu zaman zor olabilir, özellikle de fikirlerini doğrudan iletmek için sözcükleri kullanmadıklarında. Kelimeler resmin sadece bir kısmıdır - gemiyi kurtarmak için okyanusun dibine inip canavarların nerede gizlendiğini bulmak gerekir - satır aralarını okumak işte budur!

Satır aralarını okumak en yakın ilişkileri bile kurtarabilecek bir sanattır. Açıklamalara çok az yer bırakan anlayış gerektirir ve anlamlı ve üretken diyaloglar için ideal ortamı yaratmanıza olanak tanır. Anlam çoğu zaman yalnızca kelimelerin ötesindedir; bu nedenle nokta, virgül ve ünlem işaretleri anlamlarını iletmede çok önemli bir rol oynar.

İnsanların gerçek duygularını açığa çıkarmak için verdikleri işaretler çoğu zaman masum hareketler olarak yanlış yorumlanabilir; ancak bu işaretler, insanların söylediklerinin temelde bir anlam taşıdığının göstergeleri olarak her zaman ciddiye alınmalıdır; örneğin, "Her zaman seninle olmak istiyorum" gibi sözler bir aşk ilanı gibi görünebilir ancak belirsiz bir ilişkideki diğer tehlike işaretleriyle birleştiğinde istismar veya manipülasyona işaret edebilir.

Bireysel düşünceleri ve kişilikleriyle 8 milyarı aşkın bireyin yaşadığı bir ortamda, beklenebileceği gibi, tek bir cümle, farklı kişiler tarafından, farklı bağlamlarda söylendiğinde aynı anlama gelmeyebilir. Başka birinin ne anlatmaya çalıştığını anlamak için daha dikkatli dinlemelisiniz. Saygın bir emlak yatırımcısı ve koçu olan Gary Wong'a göre, iki kulağımız var ama yalnızca bir ağzımız var, bu nedenle dinlemenin konuşmaya göre öncelikli olması gerekir[23]. İnsanların, onların dilini konuşurken niyetlerinin ne olduğunu derinlemesine anlarken, size söylediklerine karşı açık fikirli olun.

Satır aralarını okumanıza yardımcı olacak etkili stratejilerden biri, konuşmadan önce biraz beklemektir. Yanıt vermek için acele etmek, gerçekte ne söylendiğini anlamak için zaman ayırmayı kaçırmak anlamına gelebilir; ve eğer muhatabınız da aynısını yaparsa, mesajları yanlış anlaşılmalar ve zayıf iletişim arasında kolayca kaybolabilir.

Birisi "Bilmiyorum" veya "Emin değilim" gibi ifadeler kullandığında, bir şeyi anlamadığını söyler söylemez hemen açıklama yapmayın; bunun yerine onlara yer verin ve diğer göstergeleri değerlendirin. mesajlarının daha dolgun bir resmi.

Satır aralarını okumak, bir hikayeyi okurken yakından dinlemeyi ve bağlamı, kişiliği ve durumu dikkate almayı gerektirir. Bir yazar genellikle karakterlerinin neyi ifade etmeye çalıştığını doğrudan iletmez, bunun yerine onlar için neler olabileceğine dair durumlar ve ipuçları verir; okuyucu, karakterin sağladığı bu göstergeyi kolayca tanıyabilir.

İşte bir hikayeden bir alıntı:

Bir saat içinde beşinci kez saate baktığında avuçları terliyordu, onun sekiz civarında geleceğini biliyordu. Her saniye sekize doğru yaklaşırken dizlerinin zayıfladığını ve yumruklarının onun gelişini sabırsızlıkla sıktığını hissedebiliyordu. .

"Tatlım" diye sordu kocası odanın karşı tarafından. Basitçe cevap verdi. Onunla göz teması kurmadan söylenen tek şey "İyiyim; sadece üşüdüm." oldu. Kapı zili çaldığında, dizlerini göğsüne sımsıkı sararak kanepesine daha da gömüldü ve kocasıyla erkek arkadaşı arasındaki garip buluşmayı bekledi.

Yazar, karakterinin rahatsız edici olduğunu belirtti mi, ancak siz bunu onun vücut dilinden ve paragraftan mı çıkardınız? "Uzun, soğuk bir gece olacak" dediğinde bunun sadece havadan bahsetmediğini görebiliyor muydun? Muhtemelen bu doğal olarak gerçekleşmiştir çünkü bir yazar dikkatinizi doğrudan metnin her paragrafında bir karakterin nasıl tepki verdiğine çekmiştir.

Ancak gerçek insanlarla etkileşimde bulunurken, bir şeyler yolunda gitmemiş gibi görünse bile tam olarak neler olup bittiğini belirlemek genellikle zordur. İçgüdülerine güven; İlk bakışta kaynak belirsiz olsa bile. Söylenenleri tekrar gözden geçirmeyi aklınızın bir köşesine not edin; örneğin, kardeşlerinizden veya yakın arkadaşlarınızdan biri rastgele bir şekilde saat altıda evde olacağımı söylerse "Sam geç kalırsam endişelenir" diyorsa.

Konuşma ne kadar sıradan görünürse görünsün, bunda bir şeyler kötü hissettiriyor. Belki sürekli zamanı kontrol etme şekli ya da aceleci ses tonuydu bu; ya da bağlam ya da üslup dikkate alınmadan seçilen kelimeler olabilir.

"Eve dönmem gerekiyor" ifadesi bir endişe ifadesinden çok bir ültimatoma benziyor; bu, partneriyle sağlıksız bir ilişki içinde olduğunun göstergesi olabilir; belki ikisi de sevgi ve ilgi adı altında yaşadıkları duygusal istismarın farkında değillerdir. Karşımızdaki kişinin ne iletmeye çalıştığını tespit edebilmek, doğrudan iletilen şeyin ötesini görmemizi sağlar.

Daha fazla anlayış kazanmak için söylenmemiş olanlara (sessizliklere ve duraklamalara) odaklanın. Sessizlik çok şey anlatabilir; örneğin çocuğunuz okuldaki günü sorulduğunda aniden sessizleştiyse; benzer şekilde, konuşmamaya karar verdikleri kelimeler iletişimin diğer yönlerinde dikkat etmeye değer sorunlara işaret ediyorsa. Daha derin bir içgörü kazanmak istediğiniz herhangi biriyle iletişim kurarken aynı stratejiyi uygulayabilirsiniz.

Tartışmaktan kaçındıkları sorular veya konular; konuşmalar arasında çok uzun süre ara verdiklerinde; belirli kişileri veya olayları tartışırken ses tonu değişiyor mu; bu gözlemler hem bireysel olarak onları daha iyi anlamanıza hem de konuşulanları daha derinlemesine anlamanıza yardımcı olur.

Tıpkı çocuklarla okul hakkında konuşurken, bilgiyi kolayca paylaşmayan veya anlaşılması güç sözcükler kullanmayı tercih eden insanlarla iletişim kurarken olduğu gibi. Maksimum etki ve verimlilik için sorularınız ve yanıtlarınız dikkatli bir şekilde yapılandırılmalıdır.

Bunların hepsini bağlam içinde yaptığınızdan emin olun; Birini gözlemlerken her zaman duruma, ortama ve koşullara dikkat edin. Ortamın dikkati dağıttığı için birisinin sesi uzaktan geliyorsa dikkatli olun. Veya belirli olaylarla ilgili konuşmalar sırasında sessiz kalabilirler; herhangi bir şeyi gizlemek istediklerinden değil, bunun yerine ilgisizlikten veya konuşulan konuya dikkatlerinin dağılmasından dolayı sessiz kalabilirler.

Birini anlamak nasıl zaman, tutarlılık ve anlayış gerektiriyorsa, birinin satır aralarında söylediklerini anlamak da öyle. Her kelimeyi parçalara ayırıp an be an susturmak, işleri daha da karıştırmaktan başka işe yaramaz; Olası yorumlarıyla ilgili sonuçlara varmadan önce duyduğunuz her şeyi dinlerken ve zihinsel olarak gözden geçirirken yalnızca mevcut ve dikkatli olmanız gerekir.

TedTalk izleyicileri yalnızca TedTalk'ta sunulan parlak fikirlere tanık olmuyor. Başarılı olan motive ediciler ve etki sahibi kişiler mutlaka harika düşüncelere sahip olanlar değildir; ton ve perde uygulaması, konuşmaların kategorik yapısı ve hatta maksimum etki için medya kapsamını kullanma yoluyla bunları nasıl etkili bir şekilde sunacaklarını anlayanlardır. Topluluk önünde konuşma, yalnızca söylenmesi gerekenleri düşünmek yerine, bir şeyleri nasıl söylediğinizde ustalaşmayı içerir. Topluluk önünde konuşmacılar dinleyicilerini kazanmak için ikna sanatını öğrenirler.

Topluluk önünde konuşan konuşmacılar, içeriklerini maksimum etkiyi sağlayacak şekilde yapılandırmak için sıklıkla konuşma kalıplarını kullanırlar. Bu kalıpların seçimi konulara, dinleyicilere ve konuşmanın asıl amacına bağlıdır; başka bir deyişle, eğer amaçları buysa, konuşmalar gerçek amaçlarına hizmet etmelidir! Yeni biriyle konuşurken, hedefinizin net olduğundan emin olun, böylece onlardan gelen yanıtları izlerken odaklanabilirsiniz; okuyan kişiler, başkaları hakkında alakasız ayrıntılar toplamayı içermemelidir.

Hızlandır
Michigan Üniversitesi Sosyal Araştırma Enstitüsü tarafından yürütülen bir araştırma, arayan kişi başına bir ikna girişimi kullanarak insanları bir ankete katılmaya ikna etmeye çalışan arayanların 1.400 girişimini inceledi. [24] Sonuçlar, duraklamadan çok hızlı konuşanların başkalarını ikna etmede başarısız olduklarını; araştırmacılar, başkalarını ikna etmeye çalışırken arayanların akıcılığını, konuşma hızlarını ve perdesini inceledi; başarılı ikna ediciler arasında saniyede yaklaşık 3,5 kelimeyle konuşan insanlar vardı; bu, başkalarını ikna ederken orta derecede yüksek bir hızdı; [26]

Doğru Duraklamaları Yapın
Birini etkilemeye çalışırken maksimum etki için, birini etkilemeye çalışırken dakikada dört veya beş duraklama idealdir. Bu duraklamalar, diğer kişinin yanıt vermeden önce mesajınızı dikkate almasına ve bulgularınıza ilişkin fikirlerinin zaman içinde gelişmesine izin vermekten korkmadan onun düşüncelerine ve inançlarına saygı duyduğunuzu göstermesine olanak tanır, böylece aranızdaki güven artar.

Prozodi (konuşmanın vurgusu, tonlaması ve ritmi) etkili konuşma sunumunun ayrılmaz bir unsurudur, ancak çok fazla prozodi geri tepebilir ve kötü bir şekilde geri tepebilir. Söylediklerimiz, söyleniş şekline bağlı olarak farklı şekilde algılanabilir; bu nedenle, tonu ve ritmi uygun şekilde kullanmak, söylediklerinizin tam olarak amaçlandığı gibi anlaşılmasını sağlar; çok fazlası güvenmeyen bir izleyici kitlesini çaresiz bırakabilir; Cümleler oluştururken hareketli görünmemeye çalışın.

Başarı İçin Konuşma Kalıplarını Kullanın

Herkesin topluluk önünde konuşurken hedeflerine bağlı olarak kullanabileceği farklı konuşma kalıpları vardır ve mesajlarının ne kadar başarılı bir şekilde iletileceğini etkileyen farklı seçimler vardır. Aşağıda konuşma oluştururken bazı popüler konuşmacı konuşma kalıpları verilmiştir.

Konusal veya Mantıksal Yaklaşım: İlgili birden fazla fikri aktarırken, ikna edici argümanlar sunmadan konular arasında atlıyormuş gibi görünmeden, konudan konuya akacak şekilde bilgileri mantıksal olarak düzenlemek genellikle en iyi yaklaşımdır.

Kronolojik: Kronolojik bilgi organizasyonu, verilerin bir hikaye anlatmak gibi düzenli bir ilerlemeyi izlemesi gerektiğinde en iyi şekilde çalışır. Örneğin bir projenin sonucundan bahsetmek istiyorsanız, olayları daha net bir şekilde kronolojik sıraya göre yapılandırmak daha fazla fayda sağlayacaktır.

Sebep ve Sonuç: Adından da anlaşılacağı gibi bu bilgi, neden-sonuç ilişkileri kullanılarak sunulacaktır. Örneğin, işteki sorunları tartışırken önce nedenini açıklayarak, ardından üretkenlik üzerinde nasıl bir etkisi olduğunu açıklamak, sonuç olarak işe yarayabilir.

Sorun ve Çözüm: Sebep ve sonuca benzer şekilde, sorun ve çözüm de başkalarını belirli sorunları çözmek için gerekli önlemleri almaya ikna etmenin etkili bir yolu olarak kullanılır. Herhangi bir zorluk veya engeli çözmeye en iyi nasıl yaklaşılacağı konusunda dinleyicileri ikna etmenin etkili bir yöntemidir.

Konuşma kalıpları fikir ve düşüncelerin net bir şekilde iletilmesine yardımcı olabilir. İnsanlar tanıdıkları ve daha kolay kabul etme eğiliminde oldukları kalıpları duymaktan hoşlanırlar; Yönünü şaşırmış bilgiler çoğu zaman ilgili taraflar arasında güvensizliğe neden olur, bu nedenle mesajınızı nasıl ileteceğinize zaman ayırmanız hem güvenilirliği hem de insanlar üzerindeki etkiyi artıracaktır.

Etkili bir konuşma kalıbı kullanmak, bilgiyi kolayca sindirilebilir bir şekilde sunmanın ve biri üzerindeki etkinizi arttırmanın anahtarıdır. Hedefiniz sizi daha fazla güvenebileceği, fikir ve duygularını daha özgürce açabileceği otoriter ve mantıklı bir birey olarak görecek.

Genellikle birisiyle yalnızca bize nasıl hissettirdiğine dayanarak güçlü bağlantılar kurarız. "Bütün bunları sana neden anlattığımı bilmiyorum; genellikle daha az açık davranırım.

"Titreşim" tam olarak nedir ve birisiyle bağlantı kurmama nasıl yardımcı olabilir? Basitçe söylemek gerekirse, titreşim olumlu bir etkiye sahip olabilecek iyi bir enerjidir. Onaylamanıza veya kontrolsüz bir şekilde başınızı sallamanıza gerek yok; Nereye giderseniz gidin bağlantı kurmak için gereken tek şey iyi bir atmosfer!

Herhangi bir motivasyon konuşmacısına veya kişisel gelişim uzmanına sorun; onlar, hedefleriniz hakkında kendinizi olumlu ifadelerle çevrelemenizi tavsiye edeceklerdir. İlk başta gereksiz gibi görünse de, pozitif enerji kısa sürede içeri sızar ve hepimizi öyle ya da böyle etkiler!

Bu tam olarak pozitif enerjinin veya ortamın diğer insanlar üzerindeki etkisidir. Birinin fikirlerini eleştirilmeden kabul ettiğini bilmek, onun size soru sormadan açılmasını sağlar, soru sorulmadan onun zihnine erişmenizi sağlar! Bütün bunlar, etraflarındaki insanların yanlarında pozitif enerji getirmeleriyle mümkün olur; iyi enerjinin sahtesi yapılamaz, yalnızca tespit edilebilir. Olumlu tutumlar hızla yayılır; herkes her zaman iyi tarafı gören insanlarla konuşmayı sever! Çevrenizde bu pozitif havayı oluşturmak için şu ipuçları ve stratejilerle birlikte:

İyi tarafından bakmaya devam edin
Dedikleri gibi, başınıza gelenlere vereceğiniz tepkiler onların sonucunu belirler. Birisinin size sıkıcı gelmesine üzülmek yerine, bu fırsatı onun sizden farklı düşünebileceği yolları keşfetmek ve anlamlı etkileşimler oluşturmak için kullanın. Olumsuz odaklanmak, yalnızca başkalarının hemen fark edeceği daha fazla olumsuzluğun ortaya çıkmasına neden olur.

Eğer Hissetmiyorsanız, Sahte Yapmayın
Köpekleri sevdiğinizi söylemek boş gelebilir; Başkalarını anlaşmaya zorlamadan farklı bakış açılarını kabul edecek kadar açık fikirli olun; İnsanlar, seviyormuş ya da aynı fikirdeymiş gibi davranmak yerine karşıt bir bakış açısına sahip olma haklarını kabul ettiğinizi anladıklarında, tepkiniz çok daha olumlu ve bu farklılıklara karşı daha hoşgörülü olacaktır.

Minnettarlık Uygulaması Yapın
Minnettarlığın ilişkileri nasıl geliştirebileceğini merak mı ediyorsunuz? Her güne, hayatın bize sunduğu her şey için şükran duyarak ve her gün karşılaştığınız ekip liderleri veya kardeşler gibi kişileri, her etkileşimde olduğunuzda onlara takdirinizi ifade etmeyi hatırlayarak onurlandırarak başlayın ve bitirin. Günlük minnettar olma pratiğiniz, onlarla etkileşime girerken pozitif enerjiyi bile beraberinde getirebilir!

Olumsuzluğu Ortaya Çıkarın

Ne yazık ki hepimiz bazen farkında olmadan olumsuz düşünce birikimi yaşayabiliriz. Bu özellikle bazı insanları olumsuz anılarla ilişkilendirdiğimizde geçerlidir; örneğin, birisi onunla en son etkileşim kurduğunuzda saldırgan bir yorum yaptıysa, etkileşim sona erdikten sonra bile uzun süre kalıcı olan hoş olmayan anıları gündeme getirebilir. İyimser bir ortam yaratmak için olumsuz anıları daha iyimser olanlarla değiştirmeyi deneyin.

Meditasyon hepimize rahatlamak, gevşemek ve topraklanmış hissetmek için paha biçilmez bir şans sunar. Meditasyon size etrafınızdaki negatif enerjiyi serbest bırakmanın ve eylemlerinizin etki alanınızdakiler üzerinde ne tür bir etki yarattığını değerlendirmenin harika bir yolunu sunar. Dahası, farkındalık veya maneviyat gibi meditasyon uygulamalarını uygulamak kişinin içsel benliğiyle olan bağlarını derinleştirebilir ve daha derin bir huzuru teşvik edebilir.

Doğanın İyileştirme Gücü Vardır

Açık havada olmanın muazzam iyileştirici özellikleri vardır! Okyanus dalgalarıyla çevrili olmak, dağ zirvesi manzaraları veya nehir kıyısı sesleri rahatlamamıza ve içimizden iyileşmemize yardımcı olmak için harikalar yaratabilir. Dışarıda vakit geçirmenin, insanları daha az öfkeli ve daha pozitif yapma konusunda etkili olduğu kanıtlanmıştır - düşünürken çok ihtiyaç duyulan bir mola vermek ve kendimizle ve birbirimizle rahat olmak, mutlu insanlar olarak kaldığımızdan emin olmak için çok önemlidir!

İletişiminizdeki pozitif enerji başkaları üzerinde dalga etkisi yaratabilir ve onları daha özgürce açılmaya ve sizinle iletişimlerinde dürüst olmaya teşvik edebilir. Yargılanma korkusu, hayal kırıklığı veya öfke, insanların kapanmasına veya düşmanca görünmekten kaçınmak için yalan söylemesine neden olabilir; Rahat bir atmosfer ve iyi enerji sağlamak, insanların rahatlamasına yardımcı olur, böylece sizi nasıl algıladıklarını ve konuşma yoluyla kendilerini ne kadar açığa çıkardıklarını yeniden değerlendirebilirler.

Dikkatlice oluşturulmuş e-postalar veya telefon konuşmaları yoluyla iletişim kurarken birisinin aklını nasıl okuyabilir? Veya birinin telefonda konuşurken yalan söylediğini mi tespit ediyorsunuz? Aynı şekilde, WhatsApp gibi, ağırlıklı olarak seçilmiş "emojilere" dayanan satır arası iletişimi nasıl yorumlayabilirsiniz?

Dijital iletişim bize birçok fayda sağlıyor; dünyanın her yerindeki insanlara koltuklarımızdan kalkmadan ulaşabiliyoruz, ancak aynı zamanda sınırlamaları da etkili bir şekilde bağlantı kurmamızı sınırlayabiliyor. Ancak Kovid sonrası gelişimdeki ilerlemelerle birlikte nasıl daha verimli bağlantı kurabileceğimizi öğrendik. Öğrenciler, bilgisayar ekranında kimi izlediğini bilmeden öğretmenlerinin bakışlarını takip edemedikleri için çevrimiçi derslerde sınıf derslerine göre daha dikkatli bulundular! Ancak teknolojinin, insan sıcaklığı ve bire bir insan temasının samimiyetiyle eşleşebilmesi için daha kat etmesi gereken çok yol var.

Birinin tüm dikkatini vermediğinizde onu ortaya çıkarmak zor olabilir; Uyumak, yemek yemek veya kalabalığın içinde olmak. Çoğu durumda, video görüşmeleri sırasında veya yanıt vermeden önce metnin tamamını okurken hoparlörün açık olup olmadığının farkında bile olmayacaksınız; bu da bu dijital platformlardaki insanları anlamayı zorlaştırıyor; ancak birinin iletişim kurmaya çalıştığını doğru şekilde yorumlamak için kullanabileceğiniz teknikler vardır.

Dinleyin, bundan birkaç kez bahsetmiş olabilirim, ancak eleştiriyi ve çatışmayı siber uzaya göndermek, birisiyle doğrudan iletişim kurmaktan daha kolay olabilir. Anlaşmazlıklarınız kısa mesajla yapıldığında o kadar şiddetli görünmese de, yine de birbirimizi dinleme, okuma veya anlama yeteneğimizi sınırlıyor.

Göstergelere Dikkat Edin

Bir kişinin nerede bulunduğu önemli değil, ses tonu, kelime seçimi ve çevre, zihninin nasıl çalıştığının göstergeleri olabilir. Örneğin, birisinin e-postalara yanıt vermesi ne kadar zaman alıyor? Veya kısa mesaj yoluyla hızlı bir şekilde yanıt vermek mi istiyorsunuz? Yoksa seslerinde herhangi bir aciliyet duygusu var mı? Biraz dikkat etmek bize onlar hakkında çok değerli bilgiler verebilir!

Kalibre edilmiş bir yaklaşımı sürdürün

İnsanların yüz yüze ve hatta ekranda okunması zor olabilir; bu da ses tonlarını, kelime seçimlerini veya duraklamaları yanlış okumayı daha da zorlaştırır. Sınırlı göstergeler elimizde mevcut olduğunda metinlerini yanlış yorumlayabiliriz. Yüz yüze iletişim, bir bireyin yüz ifadeleri, vücut dili ve genel "havası" gibi çeşitli yönlere dayalı olarak doğru bir tasvirini oluşturmamıza olanak tanır. Başkalarıyla telefon veya mesaj yoluyla iletişim kurarken, sınırlı verilerle kesin sonuçlara varmadığınızdan emin olun. Söylenenlere dikkat edin ve gerektiğinde netlik sağlamak için sorular sorun. Konuşma sırasında varsayımlar ortaya çıkarsa, doğru gözlemler yapmak için yeterli veri olup olmadığını sorgulayın.

Bir Yalancıyı Telefonda veya SMS Üzerinden Nasıl Tespit Edebilirim?
Yalan söyleme tespiti keskin gözlem becerileri gerektirir; ancak bir SMS mesajında veya e-posta görüşmesinde alışılagelmiş birçok ipucu bulunmadığından, yalan dedektörleri bu dijital platformlar üzerinden doğru tespit yapılmasına olanak tanıyan yeterli veri sağlar. İşte birinin size yazılı olarak yalan söylediğine dair birkaç gösterge:

Yalan söyleyen biri dağınık görünebilir ve tek bir hikayeyle tespit edilmesi zor görünebilir, gerçeği gizlemek veya gizlemek amacıyla sürekli konuları değiştirir. İşleri aşırı karmaşık hale getirmeyi deneyebilir veya mantıklı olmayan yanlış iddialarda bulunabilirler; Kısa mesaj yoluyla bu mesajları tespit etmenin bir yolu, bağlamdaki bir konu hakkında netlik sağlamayan uzun metin paragraflarını aramak olabilir; eğer gerçek olsaydı gerçekte ne olduğunu anlamak için baştan sona okumaya gerek kalmazdı.

Gereksiz Bilgileri Aşırı Vurguluyorlar veya Belirli Soruları Yanıtlamaktan Kaçınıyorlar
Birisi size doğrudan cevap gerektiren bir soru sorarsa, reddederek her zaman cevap vermekten kaçınabilirsiniz. Örneğin partnerinize nerede olduklarını sorduğunuzu ancak yanıt alamadığınızı varsayalım; dört saat sonra size mesaj gönderip pillerinin bittiğini ama yine de o anda nerede olduklarını söylüyorlar - bu, o sırada doğruyu söyledikleri ancak soruşturma ilk yapıldığında cevap vermemeyi tercih ettikleri için yalan söyleyerek yalan söylemek anlamına gelir; ayrıca, doğrudan yanıt vermekten kaçınmak ve konuşmayı tamamen rayından çıkarmak için aşırı karmaşık yanıtlar vermeye çalışabilirler.

Kimse Yanıt Vermiyor
Mesaj göndermenin, mesajın alıcısına ne zaman ulaşacağını veya ulaşacağını bilmeden okyanusa taş atmak gibi olduğu günler geride kaldı; Artık mesajımızın tam olarak ne zaman ulaştığını, ne zaman görüntülendiğini ve "çevrimiçi" olup olmadıklarını biliyoruz. Çoğu mesajlaşma uygulaması, birisi yanıtını yazarken bir üç nokta (...) görüntüler, dolayısıyla her an bir yanıt bekleyebileceğimizi biliriz!

Çok Fazla Bilgi İnsanlar açıklamalar yapma eğilimindedir. İş arkadaşınızın sandviçini iş yerinde mi yediniz? Muhtemelen bunun neden olduğuna dair muhtemelen on beş dakika kadar uzun bir açıklama sunacaksınız. Benzer şekilde, yalan söylerken, insanların olduğuna inanmasını istediğimiz şeyi gizlemek için yanıtlarımızda abartı kullanma eğilimindeyiz; Bazı kişiler düzenli olarak uzun metinler yazıyor ancak yanıtlar alışılmadık derecede uzunsa bu, açıklamamaya karar verdikleri bir bilgi hakkında açıklamalar sunduklarının kanıtı olabilir.

Her iki tarafın da kendi taraflarını açıkladığı, siz bir soru sorana kadar uzun yanıtlar oluşturduğu ve konuşmanın bir yanıttan başka bir konuya aniden kaydığı bir metinsel tartışmaya karıştığınızı hayal edin. Böyle bir durumda, meşgul olma çabaları, bu sohbet konusunu kısa kesip tamamen başka bir şeye geçme niyetlerinin göstergesi olabilir.

"Ben sana gitmemeni söylediğim halde onun evine mi gittin?"

Şaşırmış görünüyordu. Aramızda bu kadar az güven olması şaşırtıcı! Ne yazık ki şimdi bunun için zamanım yok çünkü yapılması gereken çamaşırlar var; sonra konuşuruz... Hoşçakal."

Burada her şey var; insanları anlamak için gerekli tüm araçlar. Elinizdeki insanlar hakkındaki rehber kitabınız, insanların neden böyle konuştukları, belirli şekillerde davrandıkları ve ne söyledikleri hakkında derinlemesine bilgi edinmenizi sağlayacaktır; kişilik ve iletişim tarzı özelliklerinden, onları şekillendiren etkileyicilere; tüm bu bilgiler parmaklarınızın ucundadır ancak birini anlamak yine de zaman, çaba ve biraz tahmin gerektirebilir!

Zihin karmaşık bir yapıdır ve onu deşifre etmek için onun karmaşıklığını anlamaya devam etmek gerekir. Bir kişiyi yıllarca tanıdıktan sonra bile, küçük anlaşmazlıklar veya anlaşmazlıklar onun söylediklerini objektif bir şekilde dinlemeyi zorlaştırabilir.

Bu yüzden konu insanları anlamak olduğunda pratik ve gözlemin önemini sık sık vurguluyorum. Başkalarının inançlarını ve iletişim tarzlarını okurken, onların sözlerini doğru yorumlayabilmek için büyük bir uyum göstermeli ve kendi düşünceleriniz üzerinde kontrol sahibi olmalısınız. Burada birini anlamaya ve onun konuşulmamış dilinin karmaşıklığını çözmeye niyetlediğinizde yanınızda getirmeniz gereken her şeyin bir taslağı ve hatırlatıcısı var.

İnsanları Okumaya Zihinsel Olarak Hazır Olun
Bir başkasıyla her sohbete başladığınızda, kendinizin bir envanterini çıkarın. Kendinize şu gibi bazı önemli sorular sorun: * Onlar hakkında zaten herhangi bir fikir oluşturdum mu? veya >> Dikkatli olmam gereken önyargılar ve ön yargılar var mı?

* Zihinsel ve duygusal olarak birini anlamaya çalışabilecek kapasiteye sahip miyim? * Birini okumaya çalışırken hangi hususlara dikkat edilmelidir?

*Hangi dış faktörler kararımı etkileyebilir? Bu şekilde sorgulamak, başkalarına önyargısız veya yargılamadan yaklaşmanızı sağlayacaktır. İnsanları yakından gözlemlemek için dikkatli olun - zihninizi diğer görevlerden ve düşüncelerden arındırıp, ilgilendiklerinizi hafife almadan gözlemlemeye odaklanın - dikkatle ve önyargısız dinlerken vücut dillerini, yüz ifadelerini, sözlerini yakından izleyin.

İnsanları İncelemeye Zaman Harcayın Herhangi bir sanatta ustalaşmak zaman ve özveri gerektirir. İnsanları okumak, farklı kökenden gelen insanlar hakkında doğru değerlendirmeler yapabilmek için sürekli çalışmayı gerektirir. Bunu doğru bir şekilde yapabilmek için toplumdaki farklı kişiliklere sahip birçok insanı gözlemlemek ve onlar hakkında doğru yargılara varmak gerekir. İnsanların okumasına bütünsel olarak yaklaşılmalıdır. Patronunuzun ne düşündüğünü veya partnerinizin odaya hangi mesajı göndermeye çalıştığını anlamak güzel olsa da, bunu doğru şekilde yapmak, temas kurduğunuz herkesin kalıplarını, davranışlarını ve motivasyonlarını anlamayı gerektirir. Bu görev için birden fazla kişiyi gözlemleyerek bu kalıpları tanıyabilmek gerekir. Toplu taşımayla uğraşırken veya büyük mağazalardaki satış görevlileriyle, hatta kuaförlerle konuşurken bu beceriyi göz önünde bulundurun.

Mesajlarını etkili bir şekilde iletmek için çeşitli kişilik türlerine ve konuşma tarzlarına sahip insanları ne kadar sık tanımlayıp tespit ederseniz, pratik yapmak mükemmelleşir. Dahası, pratik yapmak önyargılardan ve önyargılardan kurtulmanıza ve insanları karakterleri veya yaşam durumları hakkında ani yargılara varmadan gözlemlemenize olanak sağlayacaktır. İnsanları okuma becerileri, insanları ve onların motivasyonlarını daha iyi anlamanıza yardımcı olan kişisel ve profesyonel gelişim için vazgeçilmez bir değerdir. Birinin ses yüksekliğinin saldırgan konuşmasından kaynaklanmayabileceğini, ancak işitme kaybı olan yaşlı bir büyükanne veya büyükbabayla yaşamanın size yeni bir bakış açısı kazandırabileceğini kabul etmek. İnsanlar konuşurken yakından dinlemek, onlar hakkında ilgili sorular sormak ve hikayelerine ilgi göstermek, hem profesyonel hem de kişisel olarak anlamlı ilişkiler kurmanıza yardımcı olacaktır. İnsanları tanımak için zaman harcamak hem işte hem de iş dışında size fayda sağlayacaktır!

Sabır ve Dikkat Her Zaman Gereklidir

Örgü örmeyi öğrenmek göz korkutucu olabilir. Alıştırma mükemmelleştirir, tıpkı her düğüm mükemmelleşene kadar battaniye örmeye yönelik sayısız girişimin yaptığı gibi - ancak her düğümü dokumanın asıl görevi odağa geldiğinde, tek bir örgü örneği yapmak için gereken tüm sabrın, dikkatin ve özverinin tamamen farkına varırsınız. birbiri ardına kumaş. Benzer şekilde, yakından ilgilenmek teoride kolay görünebilir, ancak bazen kesinlikle katılmadığınız kişilerle iletişim kurarken veya ilgi çekici bulmadığınız birinin beden dilini gözlemlerken zor olabilir - her iki görev de uygun sonuçlarla sonuçlanmak istiyorsa pratik gerektirir!

Sabır ve dikkat, bu zorluğun üstesinden gelmenize ve insanları farklı bakış açılarından tanıma ve anlama deneyimi kazanmanıza yardımcı olabilir. Ancak aynı fikirde olmadığınız birini sabırla ve dikkatle dinlediğinizde, kişisel sınırlamaların ötesinde insanları nasıl gözlemleyeceğinizi ve okuyacağınızı öğreneceksiniz.

Özgün ve Savunmasız Olun Birinin konuşmanın ortasında uzaklaştığını gördüğünüzde zihinsel notlar alın. İnsanlar düşmanlığı ve yargılamaları hızla tespit edebilir; birisinin etraflarındaki yumurta kabuklarının üzerinde yürümeye çalıştığını bilirler. Birisinin bir trençkotun arkasında elinde büyüteçle oturup ona karşı resmi veya soğuk davranmaya çalışarak size açılmasını beklemeyin; Birinin size açılabilmesi için, kendisini size özgürce ve güvenli bir şekilde açabilecek kadar güvende hissetmesi gerekir.

Kararlarınızı Verirken Açık Fikirli Olun

İnsanlar hakkında ön yargılara ve ön yargılara dayanarak hızlı kararlar vermek ve değerlendirmeler yapmak, onların kapanmasına veya bunlara dayanarak uygunsuz değerlendirmeler yapmanıza en büyük katkıyı sağladığından, bu konu yeterince sık ele alınmıştır. Birini gözlemlerken yargılamayı veya sonuçları geciktirmeyi deneyin. İlk düşünceleriniz arasında sokakta dans eden birinin dikkat çekmeye çalıştığı düşüncesi varsa dikkatli olun; kendinizi hemen orada durdurun! Örneğin, dans etmekten yeterince mutlu görünüyorlarsa ve siz "dikkat çekmekten hoşlandıklarını" düşünüyorsanız, ne olabileceğine karar vermeden önce hemen kendinizi durdurun - ya da sadece fark edilmekten hoşlandıklarını ve varsayımlara dayalı varsayımlarda bulunmayı sevdiklerini düşünün.

ÇÖZÜM

Bu noktada insanları okumayı öğrenmenin bir kendini keşfetme ve değerlendirme yolculuğu olduğu açıkça görülmelidir; Bunun aynı zamanda diğer kişi kadar SİZİN hakkında da daha fazlasını ortaya çıkarmakla ilgili olduğunu fark ettiğinizde bunu fark edersiniz. Bunu yapmak, kendi içimizdeki sınırlamaları fark etmemize yardımcı olur, böylece birbirimizle daha derin ve daha anlamlı bağlantılar kurabiliriz, sonuçta bize onların motivasyonları, istekleri ve en önemlisi düşünceleri hakkında fikir verir.

Neden her yolculuğun başlangıcı olduğunu anlayın. İster işletme okulu, ister tıp fakültesi, ister hukuk fakültesi olsun, her şey önce bu tek soruyu yanıtlamakla başlar, olaylar neden bu şekilde meydana gelir? Bu soruya cevap verildiğinde geri kalan her şey organik olarak yerli yerine oturur. İnsanları okumak tamamen iletişim için bu soruyu yanıtlamakla ilgilidir ve bir kez yanıtlandığında her türlü olasılığı açabilir ve önyargıların ve yanlış iletişimin engellerini ortadan kaldırabilir. Birini anlamak daha güçlü ilişkilere yol açar. Yetenekli iletişim, yaşamdaki etkileşimler boyunca size hizmet edecektir. Bir ekip üyesine patronluk taslamaktan veya ebeveynleri istekleriniz konusunda ikna etmeye, bir başkasının motivasyonlarını ve düşünce izlerini anlamaya kadar, hedefinizin motivasyonlarını bilmek size duyulma ve saygı duyulma konusunda avantaj sağlar. Ne büyük bir avantaj buldun! Bu kitabın her sayfası, insan davranışıyla ilgili gizemlerle dolu bir kutunun açılması gibiydi - yalnızca bu kitap yalnızca kısa bir bakış sunuyor! İnsanlar tam olarak siyah ya da beyaz kategorilere girme eğiliminde değiller; her türden tonla karşımıza çıkıyorlar! Muhtemelen her gün geçtikçe sizinle birlikte yaşayanlar hakkında daha fazla şey keşfedeceksiniz. Tepkileri yaşam deneyimlerine, duygulara ve çevresel etkilere bağlı olarak farklılık gösterebilir; bunları baştan sona anlamak için bu değişikliklerin farkında olmak ve buna göre uyum sağlamak en iyisidir.

Kötü ruh hallerinden olumsuz insanlara, yalan söyleme ve duyguları iletme güçlüğüne kadar bu değişiklikleri fark etmek artık her zamankinden daha kolay. Bunu akıllıca ve sorumlu bir şekilde kullanın; dünyanın size ihtiyacı var! Bu teorileri işinizde ve değer verdiğiniz kişilerle birlikte kullanın, çünkü ağaçların hayatta kalabilmek için hâlâ güneşin ısısına ve iyi topraktaki besinlere ihtiyacı var. Anlaşılmak için anlamak gereklidir ve insanların nasıl düşündüğüne uyum sağlamamız gerekir, böylece hem onların çıkarlarını korurken hem de kendi çıkarlarımızı anlayabiliriz. Anlamlı ilişkileri derinleştirmenin ve beslemenin bir yolu olarak okumayı her zaman akıllıca kullanmanızı dilerim.

SON